シリーズ国語授業づくり

話す・聞く

伝え合うコミュニケーション力

監修 日本国語教育学会　企画編集 藤田慶三

編著 植山俊宏・山元悦子

東洋館出版社

まえがき　新しい授業改善の視点「どのように学ぶか」の課題に応えて

私たち教師は、明日を生きる子どもたちと向かい合い、明日を生きる力を付けてやりたいと願っています。そして、そのための努力を惜しみません。

年間の指導計画の立案を初め、自分の担当するすべての教科の学習内容や教材の研究、そして学習指導や評価の研究など、その他、教師としてやるべき毎日の仕事は多岐にわたっています。それを、みんな落ちなくこなしていく教師にとって、何よりもうれしいのは、子どもたちが、教師の働き掛けに応じてくれることです。教師の仕事はたいへんだけれど、一時間一時間、子どもたちが生き生きと勉強に取り組んでくれる姿に、教師は教師であることのよろこびを感じます。

一時間一時間の授業に自分を懸ける――大げさに聞こえるかも知れませんが、しかし、それが、日々子どもたちの前に立つ、教師の生き甲斐でもあると思います。教師は、子どもたちが喜んで学んでくれることを願い、子どもたちの内側からの学びを引き出そうと、絶えず自らの実践の在り方を問い続けているのです。

この度、教育課程が改訂され、新しい学習指導要領が発表されました。そこでは、「何を学ぶか」という学習内容とともに、「アクティブ・ラーニング」の視点から、「主体的・対話的で深い学び」という言葉で、「どのように学ぶか」という具体的な学習指導のあり方の提示がなされました。教育課程の上に、このような具体的な学びの在り方の提示がなされたのは初めてです。それは、学びの在り方が、子どもの学びの力を育て、子どもの生きる力を育むことにつながるからです。そして、一時間一時間の授業を、子どもの学びとして充実させることは、まさに教師の願いでもあるのです。

本シリーズは、「どのように学ぶか」という「学びの在り方」が問われる現在、その課題に応えようとして刊行するものです。各巻の編集担当者達は、今日における教育界の問題、なかんずく授業実践の問題については広い見識のある方ばかりで、本シリーズは、今日における教育課程改訂の動向を視野に入れて、まさにこれからの時代に対応した内容のものとなっています。

まず、教師としてのスタートラインに立った若い先生方に、是非手にとっていただきたいと思っています。同時に、ベテランの先生方にも、新しい実践界の動向を視野に、ご自分の経験を振り返り、改めて新しい実践の方向を見据えていく上で、是非目を通していただきたいと思います。また、それぞれの地区や校内で指導的な立場に立っておられる先生方にも、教育実践のレベルアップのために、改めて参考にしていただきたいと思います。

本シリーズは、日本国語教育学会の教育情報部の事業として、小学校部会と合同で、各巻担当の学会理事を中心に企画・編集され、東洋館出版社のご尽力により刊行の運びとなったものです。

平成二十九年七月

日本国語教育学会会長　**田近洵一**（東京学芸大学名誉教授）
日本国語教育学会理事長　**桑原　隆**（筑波大学名誉教授）

もくじ

シリーズ国語授業づくり　話す・聞く―伝え合うコミュニケーション力―

Ⅰ章

言葉の学びの土台をつくるコミュニケーション力

Ⅱ章

「話す・聞く」の基礎・基本

III章

伝え合うコミュニケーション力

IV章

「話す・聞く」を重視した単元の展開例

Ⅰ章

言葉の学びの土台をつくるコミュニケーション力

1 なぜコミュニケーション活動が大切なのか

教室の情景を思い浮かべてみましょう。そこには教師と子どもの言葉が飛び交っています。教師の言葉を聞いている子ども。何かつぶやいている子ども。勢いよく手を挙げる子ども。教室の学習は、人の話を聞き、自分の考えを話す活動で進んでいきます。このように、聞き合い、考えを伝え合うことで学習は成り立っているのです。ですから、コミュニケーション活動は教室の学習の土台をなす活動であり、同時にその活動そのものが言葉の学習の対象となるのです。つまり、コミュニケーション活動は学びの土台を形成する上でも、また、言葉の学びの中核をなすという意味でも重要です。

2 通じ合い・伝え合い・交流・コミュニケーション

コミュニケーションを通じ合いと訳したのは、国語教育学者の西尾実です。それは、第二次世界大戦後、アメリカから日本に民主主義が導入された頃のことでした。西尾は、言語生活を体系的に整理し、言語生活の土台に話す聞く談話生活を置きました。これが国語教育界でコミュニケーション活動が注目される契機となったと考えられます。後年、戦後の第一教育改革と称された時代のことです。それから時代が下り、第二の教育改革と称された平成元年の学習指導要領の改訂で、「伝え合う」という言葉が登場しました。

これは、当時の社会情勢がコミュニケーション不全の状況を呈しているという問題意識が反映されたためでした。言葉で伝え合う言語コミュニケーション、つまり人と人とが言葉を通して思いを交わし、人間関係をつくっていくはたらきが大切なものとして重要視されてきたのです。

さらに平成二〇年の学習指導要領では、「交流」という言葉が登場し、互いの考えを交流する活動が、読むことの学習や書くことの学習過程にも明記され、積極的に取り入れていくよう位置付けられました。

このように、時期によって強調点を変えながらも、時代を追うに従って重要性が謳われてきたのが、コミュニケーション力なのです。

完成	芸術性＋（文字）＋言語	創作	鑑賞
発展	文字＋言語	書く	読む
地盤	言語	話す	聞く

1-1　言語生活の領域

「国語教育学への探究」『西尾実国語教育全集』昭和 57 年　教育出版

3 コミュニケーション力をどうとらえるか

コミュニケーションという言葉は、人によって様々にとらえられる言葉です。ある人は、社会に出て必要なビジネスコミュニケーションを思い浮かべるかもしれません。その場合、コミュニケーション力とは、相手のニーズを配慮しながら自分の意見を受け入れてもらうようなものとしてイメージされるかもしれません。また、ある人は、ご近所や地域社会でよりよい共同体をつくっていく上で必要なコミュニケーション力を思い浮かべることもあるでしょう。その場合、コミュニケーション力とはお互いの共感的理解にたって絆をつくり、助け合う社会をつくっていく力でしょうか。

なかでも今の社会で重要だと考えられるのは、人との言葉のやりとりを通して新たなアイディアを生み出し、複雑で多様なグローバル社会を発展させていくコミュニケーション力です。そして、人々の間に共同体への帰属意識が共有され、自分が他者とともにあることを喜び、自己存在の意味を感じるという、コミュニケーションが本来もつ価値を自覚することではないでしょうか。

チームを組んで共通の目的に向かって知恵を出し合い、問題分析や問題解決を成し遂げたり、何かを明らかにできたとき、人は達成感を感じ、コミュニケーションに価値を見いだすと考えられます。その場合、必要となるのは、言葉を介して協同して論理的探究を進めていけるコミュニケーションスキルです。人とともに力を合わせて社会をよりよい方向へ発展させようとする資質とコミュニケーションスキルを育てること。これが本書のタイトルになっている「伝え合うコミュニケーション力」であり、同時にコミュニケーション力を指導するためのビジョンなのです。

4 小学校段階で育てておきたいコミュニケーション力の中核

人と共に協同してよりよい社会をつくっていこうとする資質を育て、コミュニケーションスキルを高めるために、まず小学校段階で取り組みたいことを三つ挙げておきましょう。

① 教室によりよい学びの共同体をつくるための、望ましいコミュニケーション文化を子どもと共に築き上げる。
② 人の話を聞くといいことがあるし、話し合うことは楽しくやりがいがあることを、身をもって理解させる。

③　場に応じたコミュニケーションスキルを具体的な言葉とふるまいで獲得させる。

①　教室によりよい学びの共同体をつくるための、望ましいコミュニケーション文化を子どもと共に築きあげる。

コミュニケーション文化とはなんでしょうか。このことを考えるために、まず教室の中で営まれるコミュニケーション活動を整理しておきましょう。次頁のモデル図を見てください。このモデル図は、教室で営まれるコミュニケーションの質の違いとそれぞれの関係を示したものです。コミュニケーション力は国語科の授業時間で意図的に教えて育てるものばかりではありません。日々の学級生活の営みの中で醸成されていくものや、教師が意図していないにもかかわらず子どもたちに刻み込まれてしまうものあるのです。このモデル図はそれらの関係構造を示しています。

このうち、国語科の授業で意図的に設定した単元を通して習得させたいものは、コミュニケーションの認知的側面です。

これには、どんどん出し合って考えを広げ深めるタイプの累積的コミュニケーションや、問題解決や合意形成のために考えを出し合いまとめるタイプの探索的コミュニケーションがあります。けれども忘れてならないのは、コミュニケーションの情意的側面です。クラスの友達と交流し合って学ぶのは楽しいし、やりがいがあると感じられる雰囲気が教室に生まれていることがまず必要です。そしてその基底に、教室のグラウンドルール（教室の子どもと教師の中で共有されている明示的または暗示

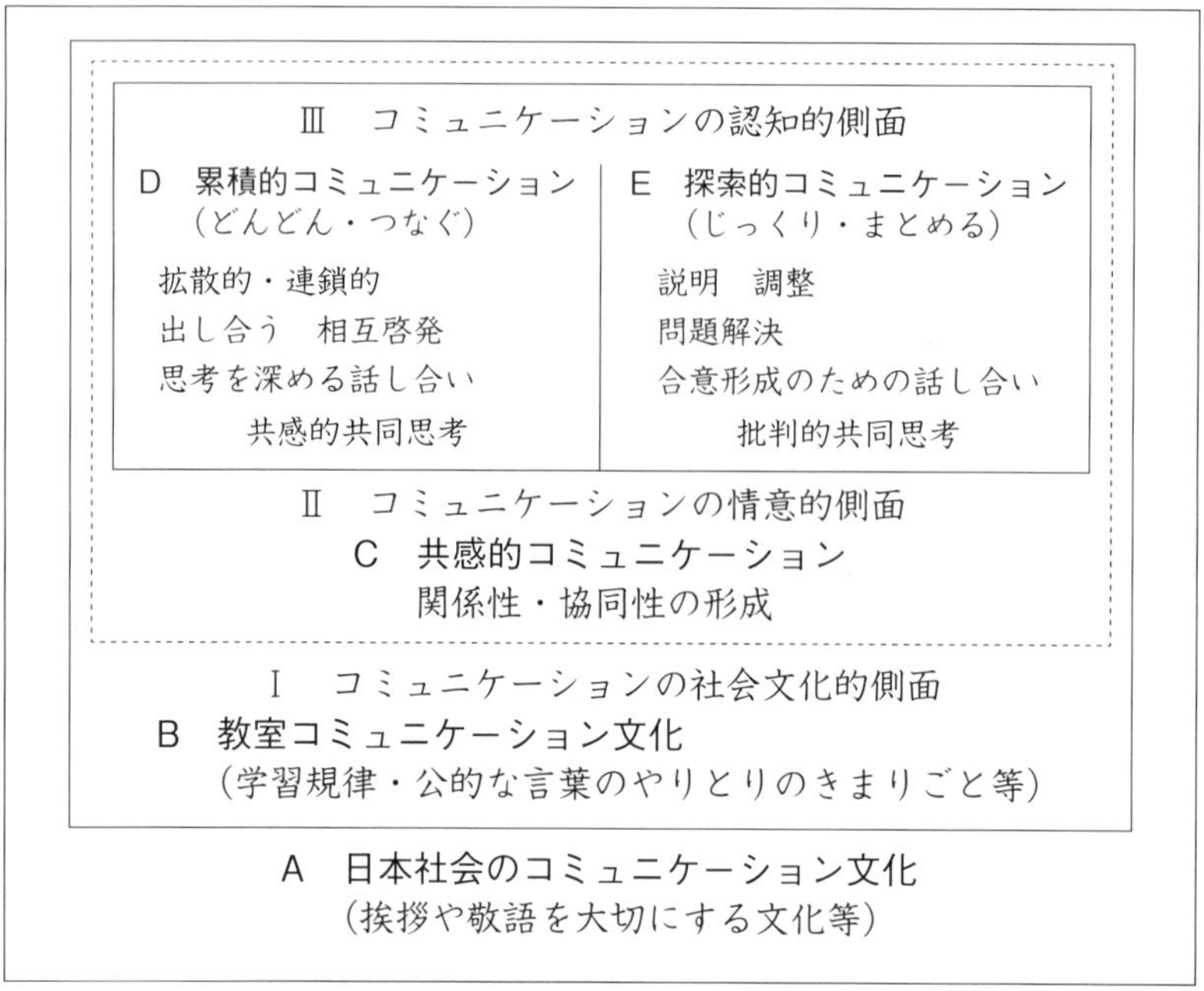
Ⅲ　コミュニケーションの認知的側面
D　累積的コミュニケーション
（どんどん・つなぐ）
拡散的・連鎖的
出し合う　相互啓発
思考を深める話し合い
共感的共同思考
E　探索的コミュニケーション
（じっくり・まとめる）
説明　調整
問題解決
合意形成のための話し合い
批判的共同思考
Ⅱ　コミュニケーションの情意的側面
C　共感的コミュニケーション
関係性・協同性の形成
Ⅰ　コミュニケーションの社会文化的側面
B　教室コミュニケーション文化
（学習規律・公的な言葉のやりとりのきまりごと等）
A　日本社会のコミュニケーション文化
（挨拶や敬語を大切にする文化等）

学校社会のコミュニケーション構造モデル

山元悦子『発達モデルに依拠した言語コミュニケーション能力育成のための実践開発と評価』2013.2月　溪水社　117頁

的なふるまいや約束事）が生まれていることも大切です。

このような約束事が、教室のコミュニケーション文化なのです。教室コミュニケーション文化は、それぞれの教室によって異なるでしょう。なぜなら、教師が望ましいと思い、子どもたちに定着させたいと願っているコミュニケーションのありようはそれぞれ異なっているからです。

コミュニケーション文化は、社会共同体におけるしきたりのようなものです。学校社会という学びの共同体における、言葉のやりとりに関するマナーです。

ここに、望ましいと一般的に考えられそうなコミュニケーション文化のありようをいくつか挙げてみましょう。あなたは自分の教室にどのようなコミュニケーション文化を形成していきたいですか。

□手を挙げて指名された人が発言する、学習規律のしっかりした教室
□教師が話すときは黙って聞くことを重んじる教室
□考えが湧いてきたらつぶやいてもかまわない、賑やかな教室
□人を傷付けないならば、ジョークも認められるユーモアのある教室
□○○さんらしいという発言が自然に出てくる、個性が大切に扱われる教室
□子どもが型にはまらない自分の言葉で話せる自由さを尊重する教室
□子どもの発言は友達に向けて発せられ、教師は側面や後ろから支えている教室
□問題を追究することに価値を見いだし、考え合うことで学習が進んでいく教室

② 人の話を聞くといいことがあるし、話し合うことは楽しくやりがいがあることを、身をもって理解させる。

これは、クラスの友達に心を開いて積極的にかかわる資質を身に付けることを意味しています。コミュニケーション力を伸ばすにはこのような情意的側面の育ちが欠かせません。なぜならこの情意的側面はコミュニケーション活動をする上でエンジンのようなはたらきをするからです。これを育てることは、社会に出たときに求められる人間関係形成力の土壌となる資質を身に付けることでもあります。社会を共に生きる他者に対する、基本的な信頼感を育てるのです。

ではこのような資質はどのようにして獲得されるのでしょうか。

まず、教室の雰囲気が明るく開放的でありたいものです。自己表出がしやすい環境づくりです。それから友達の発言を聞いたときに思わず漏れ出るつぶやきを封じない。教師もつぶやきのお手本を示します。例えば「あー、そうか」「なるほどね」「そうだったのか」「えっ、どうして」など。聞いたときに聞き手の内面に生じる心の言葉を言ってみせることで、相手の話を心から聞くという姿勢を具体的に教えることも必要です。

人の話を聞いたら何か思い付くことがあって楽しいという思いや、友達が自分の話を聞いて反応を返してくれるので話しがいがある。このような体験の積み重ねがこの資質を育てると考えられます。聞いたことに関して違う考えがあるときは、「反対です」ではなく、「違う考えがあります」でもよいし、「僕だったらこうします」のような、相手の考えを我がこととして考える聞き方を促し、考えを返していくよう導きましょう。こうして、聞き合い話し合う関係をつくっていくのです。

教師の役割は、子どもの聞き合う関係づくりをコーディネートしていくこと。ときには一人の聞き手として参加し、ときには「みなさんはどう思いますか」と投げかけ、聞き合って考え合う場をつくります。また、「なるほど」と心から子どもの発言を称賛したり、「○さんはこう考えたからこう言ったんだね」と、言葉足らずな発言の内面に迫り、心の内を汲んで代弁してみせます。こうすることで、相手の気持ちや意図を推しはかりながら聞く、共感的な温かい聞き方を促すことができるでしょう。このような一人一人を大切にする教師の姿勢は、教室という場を共感的なものにします。そこから生まれる信頼関係は、自己表出することへの抵抗を軽減していくと考えられます。

このようなはたらき掛けは、国語科の授業時間に限ったことではありません。すべての機会に教師がはたらき掛けていくことで、じんわりと、けれども大切な根がはっていくように形成されていく資質なのです。

このように、教室の中に、聞き合い、協同的に考え合う雰囲気をつくり、その快さを体得させることがコミュニケーション力を付ける上で大切な土台づくりとなります。

③　場に応じたコミュニケーションスキルを具体的な言葉とふるまいで獲得させる。

コミュニケーションスキルにはどのようなものがあるでしょうか。これを三つのカテゴリーで整理してみましょう。（詳しくは第Ⅲ章参照）

・人間関係づくりのスキル

1　相手を受け止めるスキル
2　相手の参加を促すスキル
3　自分の考えを気持ちよく伝えるスキル
4　クッション言葉を使うスキル

・人前で話す（スピーチ・プレゼンテーション）スキル

1　聞き手を惹き付けるスキル
2　効果的に伝えるスキル
3　話の流れがわかるようにメタ言語を入れて話すスキル

4　キーワードを入れて話すスキル

・論理的探究型の話合いを進めるためのスキル

1　話題や目的を念頭に置いて、それないように気を付けるスキル

2　手順をメンバーで確認・共有するスキル

3　論点整理をするスキル

4　思考ツールを使って話し合うスキル

これらのコミュニケーションスキルは、社会に出れば、状況に応じてさらに細分化・多様化していくものです。

小学校段階でこれらのスキルを指導するときに念頭に置きたいことがあります。それはスキルを使うことが求められる必然的な場を仕組むことです。馬を水辺に連れて行くことはできますが、連れて行っただけでは水を飲ませることはできません。必要に迫られたリアルな場があってこそ、そこで使う言葉やふるまいが身に付いたものとして効果的に定着すると考えられます。スキルを使う実の場があり、その場で使うことによってコミュニケーションスキルが体験的に理解され、獲得されるわけです。ボトムアップ型の学習を心掛けましょう。

Ⅱ章

「話す・聞く」の基礎・基本

Q

1 コミュニケーション力とはどのようなものですか？

A

コミュニケーションという概念は、種々の分野で様々に説明されています。コミュニケーション行為を説明する際によく挙げられる要素には、他者（相手）・自己・状況（目的・話題・場・媒体）があります。コミュニケーション力はこれらの要素によって構成されます。コミュニケーション力は他者と自己との間に相互作用が生じ、何かを生み出していく力であることに価値を見いだすことができます。

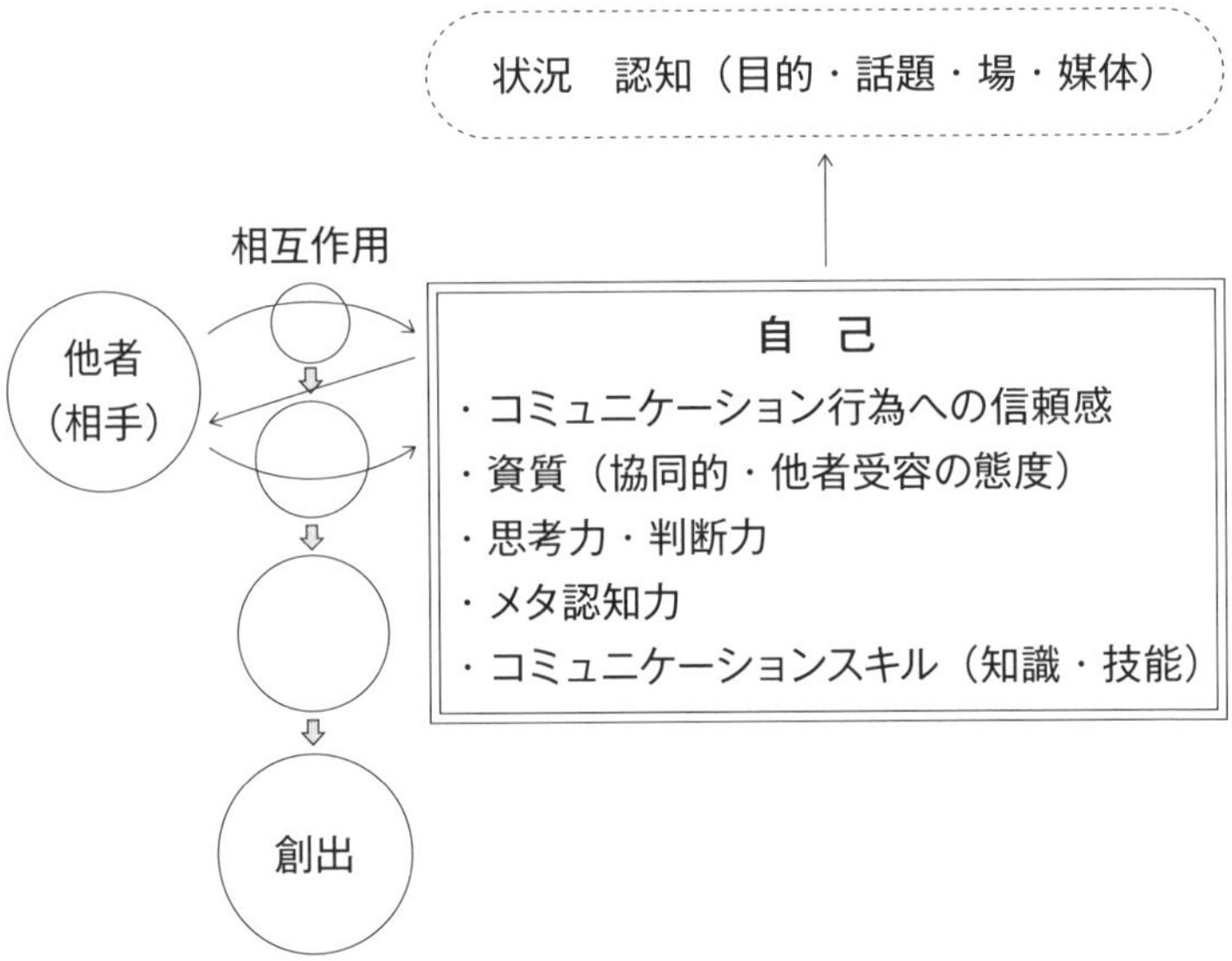

❶ コミュニケーション力の定義

平成二九年版『小学校学習指導要領解説　国語編』では、「伝え合う力」について次のように謳われています。

人間と人間との関係の中で、互いの立場や考えを尊重し、言語を通して正確に理解したり適切に表現したりする力

また、『コミュニケーション教育推進会議審議経過報告』（平成二三年八月二九日）では、次のように説明されています。

いろいろな価値観や背景をもつ人々による集団において、相互関係を深め、共感しながら、人間関係やチームワークを形成し、正解のない課題や経験したことのない問題について、対話をして情報を共有し、自ら深く考え、相互に考えを伝え、深め合いつつ、合意形成・課題解決する能力

❷ コミュニケーション力の構成要素として次のようなものが挙げられる

資質面
ベースに必要な◯協同して取り組もうとする態度
◯相手の言葉や思いを受けとめようとする態度（他者受容）

技能（スキル）面◯自己表現　言葉の表現力：言語による表現
パラ言語の表現力：間・イントネーション・声の大きさや高低
しぐさの表現力：非言語による表現　身振り・表情・視線など

思考力面
◯やりとりを運ぶ力　やりとりの種類：相互啓発・共創・課題追究・問題解決

メタ認知面
◯状況認知力　目的や今話題になっていることは何かを意識して考えることができるなど

Q

2　教室に、聞き合える協同的関係をつくるにはどうすればいいですか？

A

相手の話を聞くことの心地よさを実感することが大切です。協同的関係とは、他者（相手）も自分も大切にしながら、協力して何かに取り組んだり何かを成し遂げようとする関係のことを指します。心と力を合わせて自分の役割を果たそうとしている姿です。この関係は、自分がいる教室への安心感があること、構成員の中に仲間意識があること、自分を表現することが受け入れられる支持的風土があることで生まれてきます。

安心感

教室の居心地がいい。黙って考えていても構わない。
無用に競ったりせず、めいめいが自分のペースでその場にいることが認められている。

仲間意識

ここにいてみんなと勉強するのが楽しい。何か役立ちたい。

支持的風土

自分の話を先生をはじめ、みんなが最後まで聞いてくれる。話したら、反応を返してくれる。違う考えを言っても拒否されず、お互いの考えを受け入れ合う関係ができている。

❶▼安心感

安心感は、まずは教師への信頼から生まれます。子どもの言葉の背後にある気持ちをとらえようとして子どもの言葉や態度を受けとめましょう。学級のルールをみんなで共通理解し、軸がぶれない一貫した指導も大切です。ルールには、例えばこのようなものが考えられます。

友達に意地悪な言葉を投げ付けない。

教室で気持ちよく学ぶために、みんなで決めたことは守る。

友達の話をおしまいまで聞いてから話す。

❷▼仲間意識

仲間意識を育てるための教師のはたらき掛けとして、次のような言葉掛けが考えられます。

「○ちゃんが…してくれたから、みんなが助かったね」「みんなのことを考えて…と言ったんだね」

学習活動の中でその子どもが貢献しようとしたことや、学習をよりよいものにすることを配慮して発言した子どもの態度を取りあげ、それがとても価値あることなのだと伝えましょう。

❸▼支持的風土

支持的風土をつくるには、教師が教室につくりあげる雰囲気が何より大切です。「聞きなさい」という学習規律を徹底しようとする前に、お互いを認め合う温かく明るい雰囲気を教室につくりましょう。そのためには、教師がまず一人一人の子どもを心から受けとめる態度を示さなければなりません。なぜならその教師の態度が子どもたちに伝播し、定着していくからです。

Q

3　聞く力はどう見取ればいいのですか？

A

聞く力は、聞いて感じたことをつぶやいたり、思ったことを尋ねたりする姿で見取ることができます。表情や目の輝きにも、聞いて考えている様子が伺えます。これらの姿が現れやすいように、まず、思ったことをつぶやいてもかまわない雰囲気を教室につくりましょう。

話している子どもだけではなく、黙っている子どもを観察しましょう。こんな児童はいませんか。

聞いてはいるが話題に乗れない子ども

「今何話しているんだっけ。」「今、何を考えているのかな。」と全体に向けて投げかけて確認したり、話題を子どもの経験や興味と結び付けるはたらきかけをします。

黙ってはいるが何かじっと考えている子ども

目線を送り、聞いて考えていることはわかっているよというメッセージを込めてうなずいたり、発言できそうなら促します。

場から降りてしまった子ども

子どものそばに寄り添って、聞くときに心の中にわきあがる心内語をつぶやいてみせましょう。
心内語（例）「ふーん」「なるほどねえ」「あーそうか」

❶ 教室の子どもたちの様子をじっくり観察する心の余裕と、間を大切にしましょう

聞く力は学ぶ力の根本をなします。人の話を興味をもって黙って聞くことは、単なるマナーや学習規律として扱われてはなりません。国語科の大事な指導事項として考えましょう。

聞く力の内実

・話し手に興味・関心をもって聞く

・目的に応じて必要な情報を聞きとる

・話し手の話す内容について、疑問をもったり、自分の考えと照らし合わせたりしながら自己関与して聞く

❷ 聞く力を具体的な言葉で見取るには

聞いていることが具体的な言葉として次のようなつぶやきで表れる場合があります。

「たしかに」（納得のつぶやき）」、「あっそうか」（発見のつぶやき）、「でも」（相手の発言に違和感を感じたつぶやき）、「思ったんだけど」（触発）、「〇さんはこう言ったけど、ぼくは…」（自分の考えを相手と関連付ける）、「ぼくだったら…」（相手の発言を我がこととして考える）、「そしたら、こうなるね」（相手の考えを発展させて考えを生み出す）。

このような言葉を指標にして子どもの聞く状態を見取ります。聞く力を育てるためにはこれらの言葉が表れたときに、教師は「うん」と共感や受けとめを示す言葉をはさみ、賞賛の意を伝えたり、その言葉をリボイス（繰り返して唱え強調する）したりして、意識化し、広めていきましょう。

Q

4　聞く態度を育てるにはどうすればいいですか？

A　話を聞いたときに思わず発せられる子どものつぶやきから学びを始めると効果的です。

聞く構えをもたせるための教師のはたらきかけ
　聞いている子どもを褒める
　　「目とおへそで聞いてるね」「考えてる顔をしてるね」
　一人の考えをみんなに投げかける
　　「今の○さんの考えをみんなはどう思う？」
　立場をはっきりさせる促し
　　「納得した人」「まだわからない人」「こうじゃないかなと思う人」
　　などの立場で挙手させる

子どもの聞く態度を育てるためには、教師が子どもの話をよく聞く姿を見せることが大切です。子どもが話すことの心地よさを十分に感得するとともに、聞いてくれる人がいるってうれしいことだなと意識の奥底にもつことが、その状況になったときに「自分も聞こう」という思いになるからです。また、聞き合った結果どうなったかという状態を振り返るとともに、聞き合ったために今どんな気持ちかを発言する場を設定したりするとよいでしょう。聞き合うことの指導が、書くことの指導と一番異なるのは言葉が残るか残らないかだと考えます。だから消えてしまう言葉を聞き逃さずに価値付け賞賛することが大切です。子どもたちが聞き合っている場面をその瞬間瞬間に取り上げ、意識化させ、一般化して全体で共有することが大切だと考えます。

聞き合うことの指導においては、期待する言葉を子どもが発した瞬間が指導の瞬間だと考えています。もちろん教師が示す場合もありますが、その場合でも「こういう言葉がこんな意味でよいと先生は思うけどな。みんなはどう思う?」と投げかけ、子どもの判断を尊重し、促します。押しつけは時に反発を産み、よい影響を与えません。

意味がわかり、その価値を実感したときに子どもは自ら動き出します。

(元北九州市立守恒小学校教諭　松中保明)

Q

5　実りある対話や話合いにするにはどうすればいいですか？

A　その対話や話合いは次のような要件を満たしていますか

□考えたいという意欲がもてる話題
□見通しがはっきりしている
□話し合うためのスキルが蓄積されている
□話し合ったよさの実感がある
□支持的風土

実りのある建設的な対話や話合いにするために配慮しておく要件は次のようなもの

□支持的風土ができている
□話題に関して意欲がもてる
・話しがいがあるから（面白そう）
・共通の問いが生じている（どうしてだろう。考えてみたい）
・他の人の考えを聞いてみたい（はっきりしないから友達の考えを聞いてみたい）
・話題に関して自分の考えがもてている（知ってるよ。こうじゃないかなあ）
□見通しがはっきりしている
・話し合う目的・内容・ゴールがはっきりしている
・話し合いの手順がわかっている
□話し合うためのスキルが子どもに蓄積されている
(例)・相手の話を受けとめてから話す
・目的から逸れないで話す等
□話し合ったよさの実感がある
話合いを振り返り、よかったところを取り出して実感し、次の話合いに生かせるスキルが明確に取り出せていると達成感が生まれ、学びの蓄積がもたらされます。

子どもが「話し合いたい」友達の考えを聞いてみたい」という状況をつくることが大切です。そのような状況を仕組むことが教師の一番の仕事である学びの環境づくりです。その上で拮抗または対立した状況を意図的にくむとさらによいです。

Q&A

6 対話や話合いの場をどうつくればいいですか？

A 学習スタイルが常に対話や話合い活動で進行していることが一番有効です。教室の中に、自分の考えを言葉にして誰かに話してみたいという空気や雰囲気が湧いてくる瞬間がありますね。「えっ」「でも」というようなつぶやきが生まれたときがチャンスです。子どもの意欲の高まりにアンテナを張って、話合いの場を設ける必然性を大事にします。あらかじめ計画して場を設けることにとらわれないようにしましょう。

話し合う場のいろいろ

話し合い形態を示したカード

スケッチブックに話し合う場の形態を書いたもの

金魚鉢方式

ジグソー方式

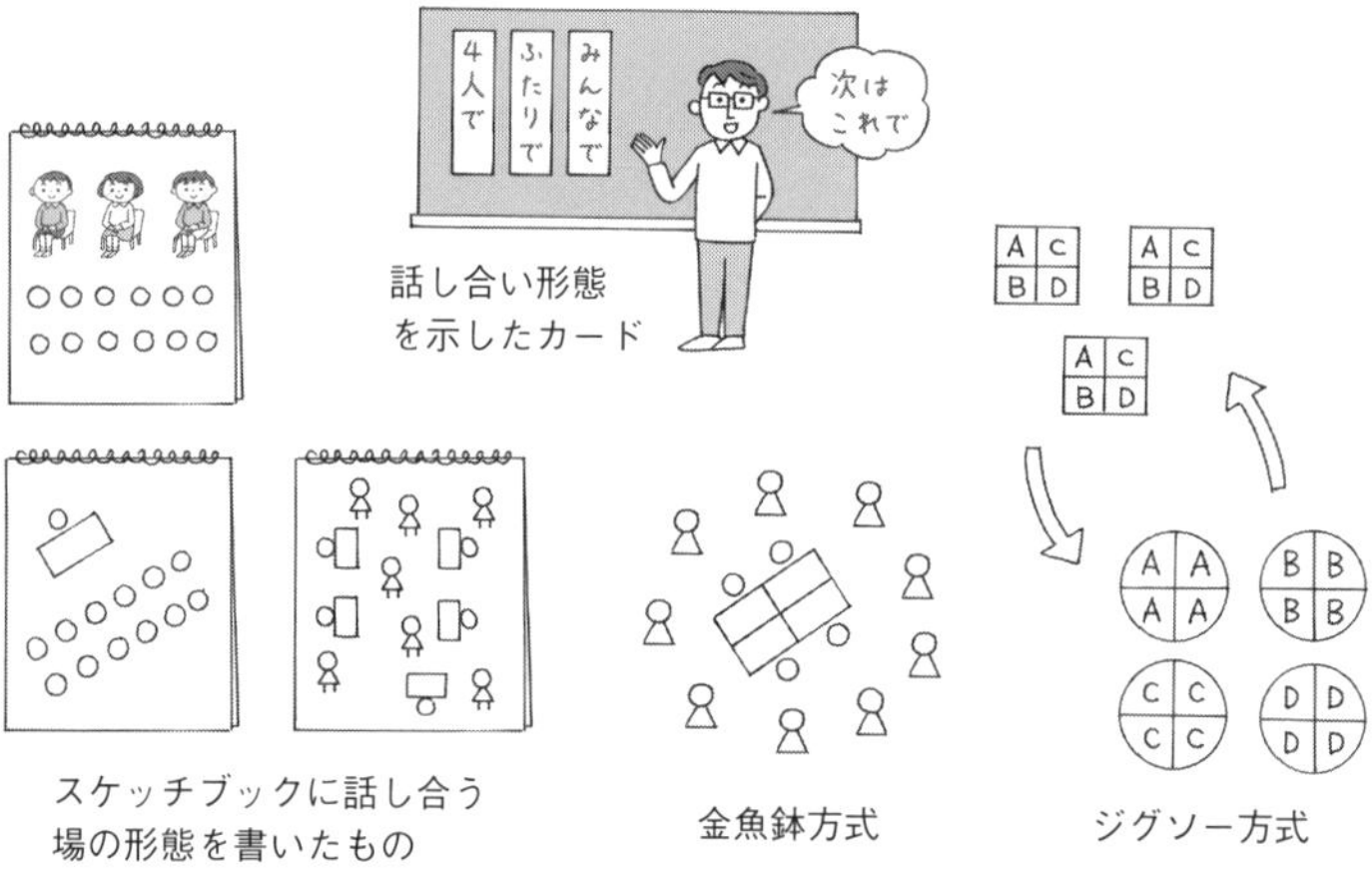

❶ 話合いの場や形態にはどんなものがあるか

学級会のような、議会制民主主義に必要な協議、自由な発想を広げていくバズ学習のような話合い、話題について様々な立場で意見交換をして考えを深めるパネルディスカッション、二つの対立する立場を明確にして討論するディベートなどがあります。

どのような話合いの形態を取るにしても、その形態を体験的に知り、慣れていくには丁寧な指導と継続的な活動による習熟が必要です。

まずはシンプルな、「近くの人と二人で話しましょう」「四人班で話しましょう」という場を頻繁に設けることで、話しがいのある話題で、実りある話し合いを積み重ねることが基本です。

それに加えて、話合いそのものを対象化して学ぶときには、金魚鉢方式で観察する形態などが有効でしょう。（第Ⅲ章参照）

❷ どのような話題で話し合うとよいか

まず教科書の話すこと聞くこと単元ありき、という発想を改め、教科書の話すこと聞くこと単元の話題を扱うにしても、その学習をいかに子どもたちの生活上の問題意識に近付けるかに意識を払ってみましょう。

子どもの実生活（教科等の学びも含めて）における問題を話題にすることにつきます。どうでもよいことについては、子どもはどうでもよい話しかしません。

Q

7　話し合う人数をどう決めればいいですか？

A　小集団の話合いは四人が適当なようです。話し合う場に集う人数によって、場の雰囲気は異なってきます。それぞれの性質を配慮して決めましょう。

二人

相手に話すことで自分の考えがはっきりする
お互いの考えが発展する。アイディアの共創。

三人

くらべて聞くことができる
だまって考える余裕がある

四人

新しいアイディアが生まれる
（アイディアの共創）複数の視点が生まれるため考えが広がり、深まる

そろそろ時間だよ、
出た考えを整理しよう

二人　相手の話を受けて話す話合いです。二人が交互に話すとか同じ量で話すなどのかたちにこだわらないようにしましょう。対話には、相手に向かって話すことで自分の考えがはっきりする作用があります。対立した意見を交わし合うより、二人で聞き合い、相談することで考えを発展させる話合いとして価値があります。

三人　三人になると黙っていてもかまわない時間が増えるので、二人より余裕が生まれます。じっと考えていてもかまわない時間がもてるからです。ただし、二人の人の考えを聞くことになるため、それぞれの意見を頭の中に保持し、比べる思考活動を行うことになり、複雑な思考活動になります。また、意見が二対一になると疎外感が生まれるので、フェアに話し合う態度形成も必要です。

四人　二人の場合とくらべてさらに交わされる意見が増えるので、くらべる思考活動がさらに複雑になります。けれども、人数が増えた分、新しい発想が話し合うなかから生まれてくる可能性が増え、達成感や話し合う楽しさを感じやすくなります。四人の場合、時間の管理や、話を整理したり意見をまとめたり、話合いの流れをいくぶん意識するリーダーの立場の子どもがいると効果的です。四人班の中で役割を意識し、話合いそのものをメタ認知する意識を育てることも大切でしょう。

Q

8　話さない子ども、話せない子どもにどうはたらき掛ければいいですか？

A

まずは子どもの様子を観察し、話さないでいる事情を推察しましょう。話題についていけていないのか、興味がないのか、考えがもてないでいるのか、考えているから黙っているのでしょうか。どうせ言っても無駄、話しがいがないと感じているのかもしれません。自分の言葉を出すことに抵抗を感じる雰囲気が教室にありませんか。子どもたちの観察からはたらき掛けの内容が決まってきます。

子どもたちが話し合いたいと思う話題ですか。全体での話し合いのなかに対話を入れ、考えをもてないでいる子どもが友達の考えを聞いてアイデアを得る時間をつくりましょう。

子どもの生活経験とつなげて考えてみることを伺します。
「○くんが、前言ってたことと同じだよ」
「この間、こういうことがあったね」

興味がない

話題に
ついていけない

じっと考えているのだけど、
話そうとしない

気を付けて見ていましょう。
ふっとつぶやきそうな様子がみられたら、背中をあと押しします。
発言することにやりがいと自信をもたせられたらしめたものです。

まちがうのがこわい
自分の考えを出すのが
はずかしい

話合いは、わからないことを考え合うためのものであることを伝えましょう。正しい考えを発表する場ではないのです。

一人一人の個性を見つめ、生かすために

黙って話さない子ども、思い付いたら言わずにはいられない子ども。子どもの個性は様々です。一人一人の個性をつかむためには、子どもの言葉や表情、行動等に常にアンテナを張り、記録を取ることです。そして、その子どもが「なぜそのような言動を行ったのか」と原因を探ることが大切です。つまり、行為の背景にある子どもの心を探り、共感することが、教師の大切なかかわり方です。その上で、その子どもが活躍できる役割や場面をさりげなく位置付けます。思い込みは禁物です。合わない場合はすぐにフォローが必要です。そしてその子がその役割を果たしたとき、また果たそうとがんばっているとき（ここが見落としがちです。結果より過程が大切）に価値付け、賞賛します。いずれこの教師による価値付け、賞賛を子ども相互に行うことができるようにすることも重要です。学校は子どもが主役ですので、子ども相互に認め合うことが、発達段階に応じた学級自治につながり、よりよい社会の形成者になると考えます。教師は決して評価者であり続けなくてはならないわけではなく、子どもは常に評価を受け続けなくてはならないものではありません。まして、教師も人間です。絶対的な評価者ではありません。一人の人間として、子どもにかかわっていく人間性を大切にしたいものです。

（元北九州市立守恒小学校教諭　松中保明）

Q

9　コミュニケーション活動を促進するやりとりの言葉にはどのようなものがありますか？

A　相手を尊重しようとしている言葉、相手の考えにつなぎ、かかわろうとしている言葉、発展的創造的な考えを出そうとしている言葉です。内容よりも、つなぎ言葉や発話末の相手意識の現れた言葉に着目します。

相手を尊重し共感的に受け止めようとしている言葉

ああ　なるほど　へえ　うんうん　たしかに　そうだね
ぼくから言っていい？　ぼくと違うけどそうもいえるかも
そうじゃなくて…と思うけどどうですか。

相手の考えにつなぎ、かかわろうとしている言葉

それなら　ぼくだったらこうします。
もう一回説明してください　それはこういうことですか。
私の考えも○○さんに近いんだけど。

考えを発展させる言葉

ということは　それで思いついたんだけど。
○○くんと似ていて　ちょっと違うんだけど。

❶▼やりとりの言葉例

コミュニケーション活動は、相手を受け入れて聞き、自分の考えをつくり伝え、相手とのやりとりのなかで場に相互作用が生じ、アイディアが共創されたり、考えが発展していったり、問題を追究・解決していったりする活動です。ですから、相手を尊重し共感的に聞こうとする言葉や、相手の考えにかかわって考えるときにあらわれる言葉、考えを発展させ創造していくことを促す言葉が大切です。

相手を尊重し共感的に受けとめようとしている言葉

「ほんとだ」「そうかもしれない」「もっと説明して欲しいんだけど」「…と思うんだけどどうですか」

相手の考えにつなぎ、かかわろうとする言葉

「私なら…」「そしたらこうなるね」「それだったら」「もしそうだったら」「それは例えば」「○○さんの言いたかったことは」「○○くんの話を聞いてなるほどなと思ったことは」

考えを発展させる言葉

「そうだとしたら…ということも考えられる」「逆に考えれば」「関係ないかもしれないけど…」「わからなくなったので助けてください」「もしかしたらこうじゃないかな」

❷▼やりとりの言葉を教室に広め、定着させるために

まず教師が使ってみせます。そしてこのような言葉が子どもから発せられたときに、教師がくり返し言ってみせて強調したり、「ほう」と感心したりして価値ある発言であることを知らせます。言葉を短冊にして教室に掲示するのも効果的です。可視化を図り、教室の言語コミュニケーション文化として共有し、蓄積と定着を図っていくのです。

Q

10　コミュニケーション力を育てるために、教師はどのようなはたらき掛けをすればいいのでしょうか？

A

まず、子どもの心に寄り添い、受け止めて聴きましょう。そこからはたらき掛けの方向性を見いだします。示範・価値づけ・学んだことの取り出しを場に応じて行いましょう。

チェックしてみよう

□子どもの言葉を心から受けとめて聴く

□話し合いたい、友達の話を聞いてみたいという機運を盛り上げ、話合いの場を必然性のあるものにしていく

□望ましい態度や言葉をつかってみせて示範する

□望ましい態度や言葉が子どもから現れたらその場で価値付ける

□コミュニケーションを促進するスキルが子どもに意識化できるようはたらきかける

教師は示範者

教師が丁寧な言葉を使えば子どもは丁寧な言葉を使い、教師が乱暴な言葉を使えば子どももその言葉を使う。この影響力は大きいものです。そしてこれは単なる言葉遣いの問題ではありません。言葉の使い方は人に対する構えを示すものなのだという言葉観を伝えることでもあるのです。人の話を相手の気持ちを考えながら共感的に聞いたり、筋道立てて考えを伝えるスキルを使ってみせましょう。そして、何より大切なのは、自分の言ったことを人は受け止めて聞いてくれる存在なのだという基本的な人への信頼感を児童期に培うことです。そのために、未熟ですが一生懸命発せられる子どもの言葉を全身で受けとめて聞くことで、人を受けとめ信頼する態度を教師自ら示し心で感じとらせていきましょう。その土台を忘れないようにしながら、自分の考えをどのような言い表し方や言葉遣いで伝えればよいのかなどのお手本を示範します。

教師は話合いのコーディネーター

教師には、子どもが話し合いたい、友達の考えを聞いてみたいと思う場づくりを仕組む役割があります。そして、子どもから出された考えを整理して再び子どもにもどす。考えの理由（わけ）や根拠（証拠）を問い、筋道立てた発言を促す。わかったことやまだ問い続けたいことをはっきりさせて話合いの成果や道筋を取り出して意識化させるなど、その場の状況を見極めながら舵を取っていきます。

教師は教え導く人

コミュニケーション活動を推進する言葉やスキルを必要感のある場で機に応じて積極的に取り出して教え、定着を図っていくことも役割の一つです。

Q

11 小集団の話合いがそれぞれ進行している場合、教師はどのようにかかわればよいのでしょうか？

A

それぞれのグループ構成、子どもの状態を把握し、指導のねらいを明確にもっておくことが大切です。そして、話合いの初期段階で入り、話し合いの流れを確かめておいたほうがよいグループ、まず様子を見て必要があれば近づいて入っていくのがよいグループなどをあらかじめ想定しておきましょう。

指導のねらいを明確にもつ

話合いにしばらく聞き入り、「なるほど」（賞賛）
「○○さんはどう思うの」（参加への促し）
「つまり…？」（内容整理の促し）をはかる

よい話し合いをしているグループの様子を
ひろっておき、賞賛することで全体へ紹介、広げる複数のグループが同時に話し合っている場合、教師はそのすべてに気を配ることは困難です。そこで、以下のことに気を付け、それぞれのグループの話合いの進行状況をまず観察しながら、かかわりや促し、介入を始めましょう。

①指導のねらい（方針）を明確にもっておく。

ねらい例：聞き合って、相手の考えには、尋ねる・同意のうなずきを送るなどの反応を返すように促す

全員が参加できるように気を配って話し合うように促す

目的からそれないように、流れを意識して話し合うように促す

②事前の見取りにより、積極的に指導に入るグループを想定しておく。

見取り例：四人のうち一人しか話題に関して考えがもてていない

考えを積極的に出さない子どもが一人いて、リーダーがメンバーに配慮する必要がある

③グループに入ってしばらく話合いの流れを観察し、生産的な考えや展開が見られたら、「なるほどね」「やるなあ」「あーそうか」など、子どもの意欲を高める言葉を掛ける。

④中・高学年の場合、話合い方に関するメタ認知意識を高めるために、好機をつかんで「そんなよい考えどうやって生まれたの？」と投げ掛け、話合いの流れを意識させたり、話合いの生産性と価値に気付くことを促し、自分たちだけでできたことへの満足感を高める。

⑤グループ巡視の間に見つけた優れた話合いの様相を取り出し、使われた言葉の紹介や教師による再演、タブレットを使った録画などによって学級全体に紹介し、話合いスキルの共有を図る。

（元北九州市立守恒小学校教諭　松中保明）

Q

12　上手に説明するためのスキルにはどのようなものがありますか？

A

相手に何かを説明という言語活動は、何を説明するのか（説明する対象）、誰にどんな場で説明するのか（相手・状況分析）を配慮しながら、効果的なスキルを使った話し方を練っていくことで適切な活動の在り方が決まります。上手に説明するスキルには、次のようなものがあります。

相手意識　・聞き手の理解を見届けながら話す（間をとって話す）。
　　　　　・相手の経験を引き出す

構成　　　・5W1Hで話す
　　　　　・話の全体を示して部分に進む

話体　　　・漢字二字熟語や同音異義語は避ける　和語を活かす

文頭　　　・接続の言葉を使って方向性を示す。（つまり・まとめると・但し・さて・話は少し逸れますが・例えば）

文末　　　・多様な文末表現で変化をもたせる（でしょう。なのです。そう思いませんか。）

修辞（レトリック）・様子がわかるように描写の言葉を入れる・キーワードで印象付ける・比喩で表す・事例を入れる・対比させる・理由原因と結果を一文で言い表す（…だから…なのです）

❶ 説明とはどんな言語活動か

「説明」という言語活動は、小学校学習指導要領国語の中に「紹介」「報告」「意見」「提案」とともに話すことを代表する言語活動例として挙げられているもので、その内容は次のようなものです。

紹介　知らない人同士を引き合わせること。未知の物事を広く知らせること。
説明　未知の事柄について相手にわかるように述べること。
解説　既知の事柄について細部に至るまでよくわかるように述べること。
提案　議案・考えなどを出すこと。

『大辞林』第三版　三省堂

❷ 子どもの認知力に応じた好適な説明活動

	説明対象	相手意識	説明スキル例
低学年	具体物　聞き手と経験を共有しているものを順序よく説明する 例　鶴の折り方（折り紙）	同じクラスの同年齢の相手、共通経験をもった相手にわかるように説明する	・主語述語をはっきりさせて話す ・5W1Hで話す ・「まず、次に…、それから…」
中学年	具体物　しくみ・形・用途など視点を決めて説明する 例　消防自動車の作り	相手がどんな人なのかを配慮し、相手の反応を確かめながら説明する	・「わかりますか」とたずねる ・「…だから…なのです」 ・つなぎの言葉を使って話す
高学年	概念的な事象　因果や論理で説明する 例　消しゴムでなぜ文字が消えるのか	相手に理解してもらえるように表現を工夫して説明する	・修辞表現を使って話す ・話の論理展開を意識して話す ・話し方の効果を意識して話す

Q

13　効果的な提案の仕方はどのようなものですか？

A

提案とは、議案や考え（アイディア）などを出して納得してもらったり、検討してもらったりする活動を指します。提案の目的は提案する内容をわかりやすく、説得力のある表現で伝え、検討や納得を促すことにあります。提案の目的や相手を配慮し、効果を吟味しながら提案の仕方を考えます。

提案するための手順

現状分析ーどこを改善しなければいけないのか

例ー学校のトイレのスリッパがきちんとそろわない

提案内容を決める

足形を床に書いてそこにスリッパを脱ぐようにしたらどうか

提案理由と、提案内容のよさを整理する

この提案の理由は…だからです。この方法の利点は…

提案が実現した場合の効果を伝える

こんなよいことが生まれると予想されます。

考えられる問題点と対策を考えておく

注意しておかないといけないのは…です。

説得するための表現スキルを使う

イラストを使う　図表を使う　裏付けを示す　数値で示す

❶教科横断的な意識で提案する場を見いだそう

提案という言語活動は、必要な場を様々な学習や学校生活場面に見いだすことができます。カリキュラムマネジメントの意識をもって学習の機会をつくり、必要感のある場で指導することが大切です。

❷聞いて尋ねる活動とセットで指導する

学習指導要領では、説明・報告（中学年）・提案（高学年）などの言語活動は、いずれも聞く活動とセットで行うように述べられています。どうしてでしょうか。それは、話したあと、聞き手からさらにもっと知りたいことが出されて追加の説明をしたり、わからないところを尋ねられて、もっとわかるように丁寧に説明したりするやりとりが大切だからです。その過程で相手にわかるように話す意識が育ったり、説明のコツをつかんだりするのです。もちろん教師の示範や、教師が話し手の意図を汲んでより適切に言い換えたりする指導は欠かせません。説明に困ったときに教師のフォローや示範をもらうことで、必要なときに必要な説明スキルが乾いた砂に水がしみこむように子どもの体に入っていくからです。

提案する人	
提案内容	
提案理由	？たずねたいこと
提案のよい所	？たずねたいこと
実現したときを予想してみる 困ること・問題点・付け加えたいこと	

聞く側のメモ例

Q&A

14 対話や話合いの力をどう見取ればいいですか？

A 「協同的態度」「相手を受けとめる構え」「自分の考えを言葉化できる力」「話合いを運ぶ力」「話し合っている状況を意識する力」の五つの要素で考えます。そして、具体的に観察できる子どもの姿で見取ります。

↑ ゴール

状況を意識する力

話合いを運ぶ力
子どもの姿
目的や話合いの流れを意識している発言
「今その話をするときじゃないよ」
つないで考えている発言
「だったらこうしようよ」
吟味検討している発言
「それはこういうことじゃないの？」

↑　　　　　　　　↑

相手の考えを受けとめようとして聞く
子どもの姿　　（他者受容）
反応を返している（うなずきなど）
もっと説明してと尋ねている

自分の考えを言葉にできる
子どもの姿　　（自己表出）
筋道立てて話している
相手にわかるように意識して話している

協同的態度
子どもの姿　積極的に参加している　わかろうとしている

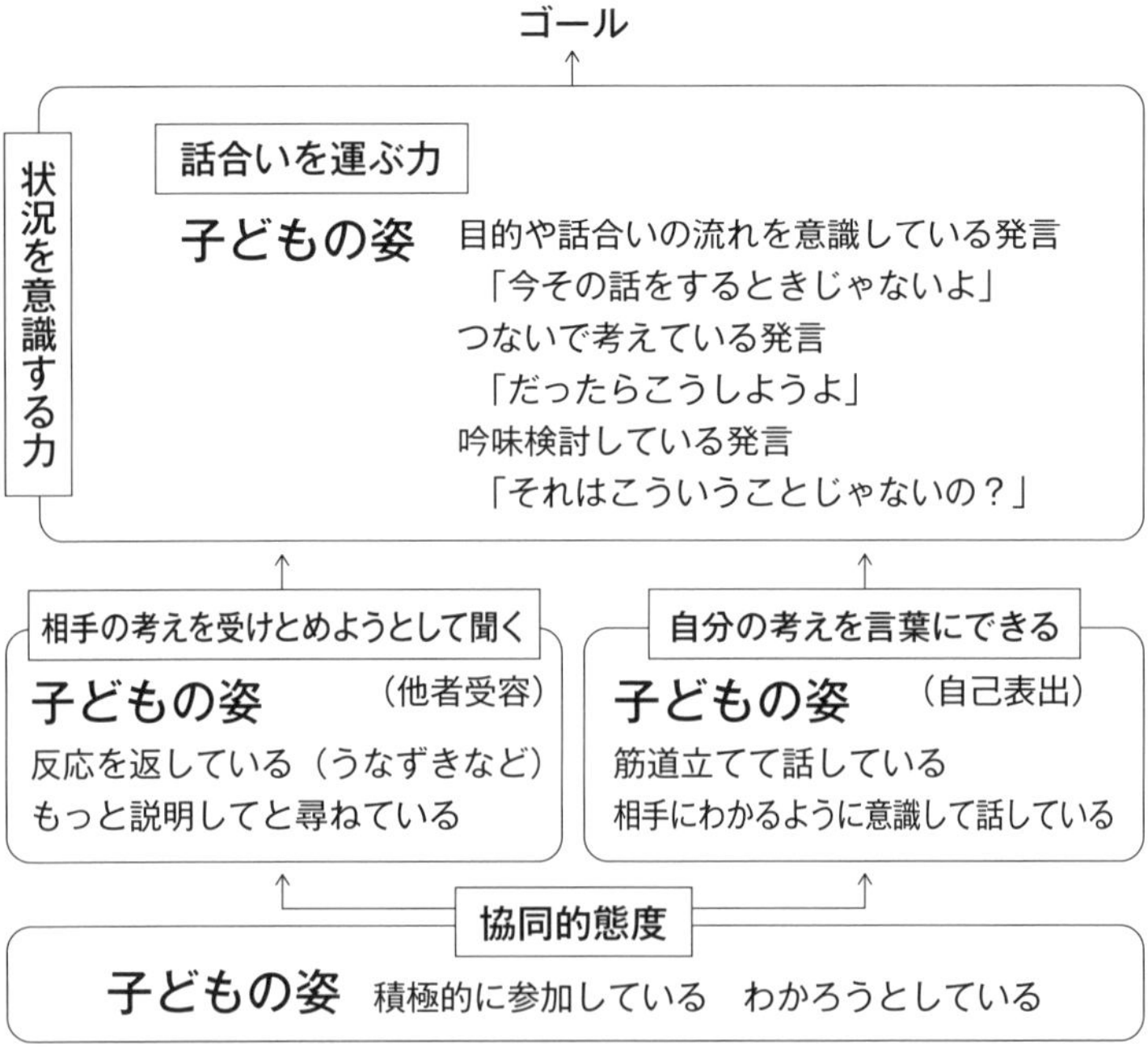

対話や話合いの力を構成する要素は次のようにとらえられます。これらの要素が現れた態度や言葉やしぐさによって対話や話合いの力を見取りましょう。（四八頁参照）

・協同的態度

コミュニケーション行為を推進するための土台に必要な態度です。人とかかわり、考えを交わし合うことは意味あることだという、コミュニケーション行為への信頼感によって培われる態度です。

・相手の考えを受けとめようとして聞く

相手の話に興味をもち、かかわろうとして能動的に聞こうとする態度です。聞くスキルもこの態度形成をスタートに蓄積されていきます。

・自分の考えを言葉にできる

考えを進めるための思考を司る語彙や、自分の考えを適切に表現するための語彙、自分の考えを臆せず話そうとする意欲が必要です。

・話合いを運ぶ力

相手の考えと自分の考えをくらべながら新しい考えを産み出す。筋道をたてて考える。論点を整理する。結論をまとめるような力です。

・状況を意識する力

目的を忘れず意識して話合いに臨む。時間を気にしながら進める。みんなが参加しているか気を配りながら進める。場の雰囲気をよいものにしようと気を配るような力です。

Q

15　対話や話合いの力をどう評価すればいいですか？

A　明確な目標がある単元の場合は、その目標に即して評価しますが、より本質的には、長期的に育成していく構えをもち、評価の指標を念頭に置いて継続的に育ちを見取り、評価していくことが大切です。

評価指標のつくり方

①一年間を見通したビジョンをもつ
こんなコミュニケーション力をもった児童に育てたいというビジョンを立てる

②評価のものさしをもつ
ビジョンを具体化する
こんな姿や発言が現れるようにしたい

③年間を通して国語の授業だけでなく日常で見られる姿を継続的に見取ってチェックする
チェックカルテを作成する

❶ コミュニケーション力を育てることは、人間性を育てること

コミュニケーション力は、国語科教育の一領域である話すこと聞くことの指導の枠にはまるものではありません。国語教科書に用意されている「話すこと聞くこと」単元を教えればよいというものではないのです。コミュニケーション力は、人間関係を築いていき、言葉を通して人とよりよい社会を築いていくための要となる力です。ですから、その育ちを評価するには、教師自身が子どもをどのような人間に育てたいのかというトータルなビジョンをもつことがまず必要です。

❷ 教育的評価であるために

教育的評価とは、本来見取ったことを、次の指導に生かすものだと考えます。コミュニケーション力の評価は、数値データで表され、目標に照らして達成度をとらえる手法とは異なるものが適当です。一人一人の子どもの今ある状態を見取り、ビジョンに照らしてそれぞれの子どもの伸ばしたい方向性がわかる評価が望ましいでしょう。なぜなら、コミュニケーション力は、人への信頼感、協同的態度を土台にして、場に応じたスキルを使いこなす即応力も含んだものであり、個人差が大きいものだからです。人間的資質と、場に応じたスキルを使いこなすトータルな力であるコミュニケーション力は、ビジョンをもって、具体的な指標（評価のものさし）に照らしながら長期的な視野で評価していきましょう。

❸ 評価の指標を児童と共有し、子どもが自己評価・相互評価できるものにする

子どもにとって「こんなことができるといいのか」「こんなことをがんばりたいな」ということが見えるような評価にします。自分に足りない所、次にめざすべき所が見える評価でありたいものです。

次のような評価指標によって、それぞれの子どもの状態を見取るカルテを用意します。そして単元や学期の節目ごとにそれぞれの子どもの成長を振り返ってとらえながら、この児童には、今後どのような指導が必要なのかを把握します。

【謝辞】Ⅱ章の内容については、元北九州市立守恒小学校松中保明教諭に様々なご示唆をいただきました。記して感謝申し上げます。

				氏名				氏名	
レベル		内容		4月	7月	12月	2月	4月	7月
1（協同性）	1	何が話し合われているかに注意を向けることができる。	低中高全般						
	2	友達の考えを真剣に聞くことができる。		◎					
	3	話し合いに参加しようとして尋ねたり反応している。「もう一回言って」「いいね」		◎					
2（自己表出）	1	課題について自分の意見を作ることができる。	低中高全般	◎					
	2	友達の考えとつないで発言することができる。「○○さんが～言ったけど、私は、」		△					
	3	自分の意見を理由や根拠で整理して伝えることができる。「○だと思います。わけは、」		○					
3（他者受容・自他のメタ認知）	1	感情的にならず、穏やかに意見を言うことができる。「～だと思うけどどうですか」	低中高全般	○					
	2	自分の意見が通らなくても参加することができる。「それでいいよ」		○					
	3	自分の意見だけを通そうとせずに、友達の意見のいいところも取り入れて、自分が納得したら譲ることができる。「わかりました」		○					
4（課題追究・課題のメタ認知）	1	課題に沿って考えていくことができる。「今考えないといけないのは、」	中高学年中心						
	2	筋道を立てて考えを進めることができる。「ということは、」		△					
	3	課題について検討したり確かめたりする発言ができる。「そもそも…」「仲よくするってどういうことだと思う？」							
5（状況のメタ認知）	1	話し合いの途中で意見を整理したり、まとめたりすることができる。「今までの意見は２つに分かれるね」	高学年中心						
	2	話し合いが逸れたら軌道修正するこができる。「ちょっとずれてない？」							
	3	全員が参加できているか判断しながら進めることができる。「○さんはどう思う？」「○さんの考えをきかせて」							

◎ よく見られる　○ 時々見られる　△ 話題によっては見られる　空欄 見たことがない

話し合う力を見取る評価指導例

Ⅲ章

伝え合うコミュニケーション力

1 教室環境を整える

伝え合うコミュニケーション力の育成は、まず教室環境を整えることから始まります。学級という学びの共同体の中で形成される、ふるまいや言葉交わしも含めた教室コミュニケーション文化を醸成するところから始めるのです。

教室環境を構成するものには、机の配置、教師の立ち位置、掲示物、広場のあるスペース、コミュニケーション活動を支えるグッズなどが挙げられます。

では、それぞれについて考えてみましょう。

(1) 机の配置

①日常の机の配置

子ども同士で聞き合うことが容易になるように配慮します。そのためにはお互いの顔が見えるような配置が望ましいでしょう。コの字型、ハの字型など子どもの人数と教室のスペースに合わせて考えます。また、対話やグループで話し合うことが特別なことではなく、いつもしている当たり前の学習活動にしていくためには、少しの時間でさっと隣や後ろの人と対話や話合いができるような配置がよいでしょう。学習活動の中に頻繁に対話や話合いを取り入れるために、机の移動に時間がかからないよう配慮します。

コの字型の教室

気軽に隣同士話しあっている写真

②話合い時の机の配置

小グループで話合いを行うのは、四人程度が望ましいようです。四人体制をつくるには、前に座っている二人の子どもが後ろを向いてさっと話し合ったり、四つの机を合わせて話し合ったりします。低学年なら四つの机に「な」「か」「よ」「し」と名前を付け、教師が「今日の司会はなかよし机の『な』の机に座っている人から話しましょう」「今日の司会は『か』の机に座っている人です」などと指示し、なかよく話し合うこと（協同的態度）に子どもの気持ちを向けながら、効率的に役割を指示するのも効果的でしょう。

ジグソー方式は、自分の所属するグループからでた児童Aが、他のグループの中で児童Aと同じ役割を担ったもの同士で集まり、意見交換や情報の増幅をはかり、それを自分のグループに帰って提供するというものです。特派員方式もこれに似ており、自分のグループを出て他のグループに情報を求めて出向き、収集した情報を自分のグループに持ち帰るというものです。（Ⅱ章Ｑ６へ）

金魚鉢方式は、グループの話し合いを周囲で観察する形態です。中心にある金魚鉢（小グループの話合い）を取り囲んで、その様子を眺めているように見えることからこの名が付いています。周囲の子どもが、話しているグループの話合い方について意識できる点が特長です。教室にこの形態を簡単につくるには、教室の中央に広場があるのもよいでしょう。広場があると子どもたちが話し合う様子が観察しやすくなります。それに、教室に広場が常につくってあれば、子どもが前に出て発表するときの非日常性が薄くなり、発表への緊張感が軽減します。

なかよしの字がはっている机

金魚鉢スタイル

（2）教師の立ち位置

教師が教室のどこに立つか。これは目的によって異なります。板書をするときは黒板の前ですが、子ども同士が意見を交わし合って学習するときは、子どもの中に影を潜めるように座っていたり、ときには子どもの椅子に腰掛けて一人の子ども役を務めることもあります。子ども同士が話合いを進めている途中で、黒板前に戻り、話合いを整理、方向付けしていくこともあります。

さらには、話合いに興味を失い、場から降りていきそうな子どものそばに近づいて寄り添い、聞き方のお手本を示すこともあります。「ふーん」「そうか」「今の話を聞いて○○さんはどっちだと思う」などとつぶやき、聞くことのお手本を示し、子どもの参加を促すのです。

黒板前に立つ

子どもの横によりそう

影を潜める

教室での学習が子ども相互の交流によって進んでいくよう仕組むために、教師はコーディネーター役を意識します。そのためにそのときどきにふさわしい出方と引き方を意識して自分の立ち位置を移動させるわけです。

（3）広場（スペース）をつくる

広場のある教室

広場とは、子どもたちが気軽にみんなの前に出て意見を発表することのできるスペースを指します。例えば机をコの字型にしたときに中央にできるスペースのようなものです。パブリックな言葉で人前で話すことにいきなり挑戦させる前に、思いついた考えを頭の中で整理しつつ、その場で学級の友達に話すプチパブリックな機会を頻繁に設けるためにも、このような広場をつくっておくことが効果的です。実物投影機とテレビモニターが広場の近くに用意されていれば、それを用いて発表でき、さらに多彩な発表や説明の機会が増えるでしょう。

（4）掲示物でコミュニケーション文化づくり

言葉の短冊

上の教室写真は、折々で交わされた子どもの言葉や態度を教師が取り上げて蓄積していったものです。子どもから発せられた言葉が書かれていますね。

これは望ましいコミュニケーションの姿を具体的な言葉として可視化している掲示物です。このような掲示物の利点は、誰がどんなときに発した言葉であるかというエピソードとともに子どもたちのなかで共有されていくところにあります。教室に立ち現れた言葉が子どもの名前とともに蓄積されていくのです。自分の言葉が掲示された子どもは誇らしいでしょう。コミュニケーションスキルや望ましいふるまいは、掲示物で可視化し、ボトムアップで蓄積をはかるのが効果的です。

しかし、コミュニケーションのために重要な言葉やふるまいは、いつも子どもの言葉の中からあらわれるとは限りません。ではどうすればいいのでしょうか。それは、教師がそれらの言葉を使ってみせ、望ましい態度を示範し、浸透をはかることです。深まっていくコミュニケーション活動になるために必要な言葉というものがあります。それは、相手の話につないでいくときに使う言葉や、思考を司る言葉です。

相手の話につないでいくときに使う言葉とは次のようなものです。

「○○さんが言ったように…」「ぼくだったらこうします」「ということは」「それで思い付いたんだけど」「○○さんが言いたいのはたぶんこういうことだと思います」

思考を司る言葉とは次のようなものです。

「…だと思います。わけは」（主張と理由）、「このことからいうと」（推論）、「もし、○だとしたら」（仮定）、「○の立場からいうと」（多面的思考）、「これを二つに分けて考えると」（分析）、「似ているところは」（分類）

（5）第二黒板で、学びの生まれた瞬間をとらえる

黒板に文字を書いて、学びの内容や過程を明確にするのが黒板の役割ですが、主に音声言語で展開するコミュニケーション力の指導をする場合、あらかじめ用意した板書計画では間に合わない、その

場の出来事を書きとめることによって意識化する板書が必要になります。

そこで活用したいのが、第二黒板です。第二黒板とは、教室全面にある黒板の他に用意するホワイトボードです。これは必要に応じて話す聞くことの学習をサポートするためのもので、授業の本筋の学習を進める中で思いがけず立ち現れたよいやりとり、言葉、ふるまいをすかさずとらえて価値付けるのです。こうして日々の子どもたちの言葉のやりとりを大切にし、そこから学びを立ち上げていくのに、この第二黒板は役立ちます。

ホワイトボード

(6) コミュニケーション活動を支えるグッズ

子どもがお互いの考えを出し合い、整理するために、四人机の中央にホワイトボードを置いたり、考えを操作するために付箋紙を用いることはよく目にする方法です。そのほかにも次頁の写真のようなコミュニケーションボードを使えば、参加者が同じ目線でボードを見ながら話し合える利点があります。また、子どもに話し合っている内容をボードに書き出すファシリテーター役を任せれば、その場で参加者の意見をつかみ、構造化して書き表す聞き方を教えることもできるでしょう。もちろんまず教師がお手本を示すことが必要ですが、このボードは書き手と意見を出す子どもの距離が近いので、参加する子どもが気軽に立ち上がってボードに書き足したり修正することができるのも利点です。

意見発表を助けるものとして、実物投影機、譜面台、話のやりとりを可視化する毛糸玉などがあります。譜面台があれば発表メモや発表原稿から目を上げて話しやすくなります。ホワイトボードの裏に持ち手を付ければ、片手でボードを持つことができ、ボードを横目で見つつ聞き手に目線を向けて話すことが容易になります。

タブレットなどのＩＣＴを使えば、発表のときに用いる資料を拡大することができたり、動画撮影をし、話し合っている子どもの姿をすぐに教材にすることも可能になります。

また、子ども一人一人の意見を大事にしたり、考えの推移を可視化するのに便利なのが名前マグネットです。名人カードを用いて、子どもの個性を見いだし、話合いに貢献する子どもの姿を意味付け、

コミュニケーションボード

顔を上げて話しやすくする譜面台

糸で話合いのやりとりを可視化

名前マグネット
意見が変わればマグネットの位置を変える

広げていくのも効果的です。名人カードはそれぞれの子どもの机前面に貼って増やしていきます「反応名人」「聞いて考える名人」「優しく教える名人」「そうしたら名人」「理由付け名人」「助けてください名人」など、教室でみられる子どもの個性あふれる参加の仕方の多様さを受けとめて、望ましい聞き方話合い方のありようを「〇〇名人」という言葉にしていくことは、自己肯定感を生み出し参加意欲を高めます。この「〇〇名人」というネーミングが生まれる契機となるのは、教師の名付けですが、やがて子どもの中からお互いを自然に認め合うように生まれていくのが望ましいでしょう。

2　コミュニケーション活動の種類

コミュニケーション力を育てるために、どのような活動を行えばよいのでしょうか。形態でとらえた場合、次のようなものが挙げられましょう。

スピーチ、プレゼンテーション、対話、小グループでの話合い　学級全体での話合い、パネルディスカッション、ディベート

これらを手がかりにコミュニケーション活動をとらえ、分類するとわかりやすいのですが、一方でこれらの活動の中で育てるコミュニケーション力が見えにくく、同じ話合いでも話題や学年によってどんな質のものを行えばいいのかがはっきりしません。

そこで、形態ではなく、コミュニケーションの質によって次のように整理してみましょう。

（1）話し手が固定する一方向型のコミュニケーション

スピーチ、プレゼンテーション、説明、提案など

これらの活動では、話し手に注目しがちですが、話し手と聞き手それぞれに必要なスキルがあります。目的や形態に応じて必要なスキルを定め、指導していきます。

（2）話し手と聞き手が往還する双方向型のコミュニケーション

対話、小グループの話合い、提案を受けて協議する話合いなど

これらの話合いは、質によって次のようなものが考えられます。

①累積型の話合い

お互いの考えを聞いて自分の考えが広がったり確かになったり、新しいアイディアが生まれたりするタイプの話合いです。なにかを相談するようなもので、続き話を一緒につくったり、アイディアを出し合うようなものです。ブレーンストーミングもその一例です。オープンエンドの話合いになることもあります。相談型の話合いは、低学年で重視したいものです。このタイプの話合いでは、友達の話を聞いて自分の考えを思いつくことを大事にします。人の話を我がこととしてかかわりながら聞き、それにつないで自分の考えをつくっていく態度をまず育てるのです。これは次の段階である問題解決型・啓発掘り下げ型の話合いができるようになる基礎を築くものです。話合い活動に自己関与的に参加し、聞いて考えようとする基本的な資質を育てます。

②問題解決型の話合い

追究したい課題があり、解決に向かおうとするタイプの話合いです。いつも課題が解決するわけではありませんが、協力して場から降りずに考えようとする態度が形成されており、その上課題を意識しながら話したり、相手の意見と自分の意見を比べながら話合わなければならないので、思考的な負荷がかかります。簡単なものなら二年生でもできるようですが、まずは教師主導で一緒にやってみせ、体験的理解をはかることから始めることが必要です。

③啓発掘り下げ型の話合い

ある話題・問題にそって、考えを交換し合うことで問題を掘り下げたり、認識を深めていくタイプの話合いです。話し合う過程で自分の考えが生まれたり、はっきりしてきたり、発展したりする質の話合いで、自由さやひろがりがあります。物語の登場人物の生き方を話題にしたり、価値葛藤をめぐる話合いがこれにあたります。このタイプの話合いは、問題解決型の話合いに比べ、ゴールが必ずしも明確でないため、話し合う必要感をもたせにくいことが考えられます。ですから、話題に興味があり、話合うこと自体に面白さややりがいを感じていることがベースに求められます。また、我がこととして自己関与的に聞こうとする構えが子どもに形成されていることが必要です。

このような話合いの質を意識し、難易度の段階を念頭に置きながらコミュニケーション活動を選択し、指導していくのです。

これらのコミュニケーション活動は、話すこと聞くことの指導のなかで繰り広げられるのはもちろんのこと、読むことの指導や書くことの指導のなかでも行われます。そこで次に、それらの指導の中で営まれるコミュニケーション活動を考えてみましょう。

3　読むことの学習のなかのコミュニケーション活動

（1）交流というコミュニケーション活動

読むことの指導を目標にした単元の過程に取り入れられる話す聞く活動は、『平成二〇年版学習指導要領国語』の読むことの指導に「交流」活動が位置付けられて以来、注目を浴びてきました。読むことの指導は当然のことながら読解力を付けることを目的として行うものです。この読解力とは、文章から読み取る力を指すだけでなく、読み取ったことについて自分の解釈を他者に表現できることも含めた力です。ＰＩＳＡ型読解力が注目される中で、このような読解力概念が広まっていきました。言い換えれば、読むための方略（方法）を獲得し、それを使いこなして自分の解釈をつくり表現していく読み手を育てることがめざされているのです。

読みの方略を使いこなして他者に自分の解釈を伝えるには、そのための場が必要です。だから、交流の場が重視されてきたわけです。

この交流活動、つまりお互いの考えを聞き合い話し合う中で読解力を付けていく交流活動が、実りあるものになるためには、コミュニケーション力が必要です。ここでいうコミュニケーション力とは、相手の話を興味をもって聞き、自分の考えと比べたり、新しい考えを思い付いたりする思考を経て、自分の考えを言葉にして伝える力です。

これをコミュニケーション力を育てる立場からいえば、交流活動の中でコミュニケーション力は習熟していくともいえましょう。実りある交流活動を通して読解力は伸びていき、また、コミュニケーション力は交流活動によって習熟していくという、相互補完的に伸びていく関係にあるのです。

(2) 交流活動の設け方

では、読むことの学習の中で営まれる交流活動には、どのようなものが考えられるでしょうか。これを、物語文を扱った学習の場合と、説明文を扱った学習の場合に分けて考えてみましょう。

①物語文を扱った学習の場合

物語文の読解学習過程には一般的に次のような活動が設けられます。

・テキストの世界に入って一人で読み浸る活動（一人読み）。
・自分の中に浮かんできた疑問や感想を二～四人の少人数で出し合う活動（なかま読み）。
・学級全体で疑問や感想を出し合い、共同思考を通して考えを展開していく活動（みんな読み）。

これらの活動が適宜構成、配置されて学習が進んでいきます。物語文を読む学習においては、このような交流活動が必然性をもった活動になるように配慮することが大切です。

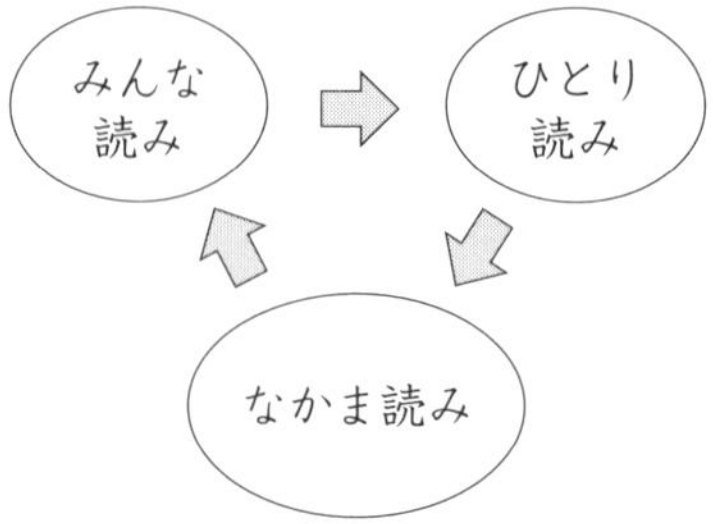

②説明文を扱った学習の場合

説明文を読むとき、読者は次のようなことに着目します。

・抽象的、概念的な言葉の意味を理解し、文章から情報を読み取る。
・筆者の主張を端的につかむ。
・筆者が主張を展開する論理や、主張に説得力をもたらす表現の工夫を理解する。

これらの観点に即して子どもは説明文を読んでいくわけですが、その過程に交流活動を様々に設けることができます。説明文の読解学習においても物語文と同様、ひとり読み、なかま読み、みんな読みという活動を念頭に置きながら、問題意識をもって追究したり、体験に惹き付けて内容を理解したり、筆者の主張を吟味したりする交流活動を設定していくとよいでしょう。

このような交流活動が有意義なものになるには、もちろん教師の上手なコーディネートが欠かせませんが、教室の子どもの中に、場に意欲的に参加しようとする協同的態度が形成されており、自分の考えを整理して話すスキルをもっていて、場に応じて使えることが必要です。そのようなコミュニケーション力が、それまでの指導によって育っていれば、読むことの指導における交流活動の質は向上し、また、実りある交流活動の楽しさとやりがいを体験することによって、コミュニケーションへの意欲が高まりスキルの習熟がはかられていくのです。

4　書くことを通して育つコミュニケーション力

コミュニケーション行為は、音声言語による話す聞く活動だけに限ったものではありません。書く行為を通して行われるコミュニケーション活動ももちろんあります。例えば手紙やお礼状を書くという活動は、書くことを通したコミュニケーション行為の典型でしょう。

ここでは、書くことを通して育つコミュニケーション力の側面を整理していきましょう。

（1）はがき・一筆箋・手紙・挨拶状・お礼状などを書く

これらの書く行為は、相手や目的を意識して言葉を選ぶ意識を育てます。また、どのような表現媒体（はがきか手紙か）を選ぶのがふさわしいのか状況や内容に応じた伝え方に心配りをすることを促します。なにより、言葉を交わし合うやりとりが人との温かい関係をつくっていくことを学ぶことができます。これは、人がコミュニケーションを営む大切な意味を学ぶことにほかなりません。

（2）書くことによって自分の頭の中を整理する

書くために用いる枠組を用いて、伝える内容を整理することができます。文章展開の基本である、はじめ・なか・おわり、主張・理由・根拠などが枠組の最たるものです。

思考を整理するためのツールには様々なものが提案されています。これらを、目的や子どもの考えを書き表わせる力に応じて提供し、書くことによって考えを整理する方法を教えましょう。

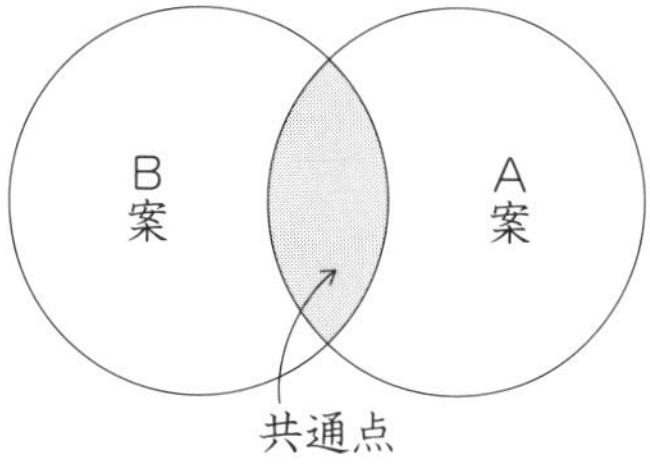

ベン図

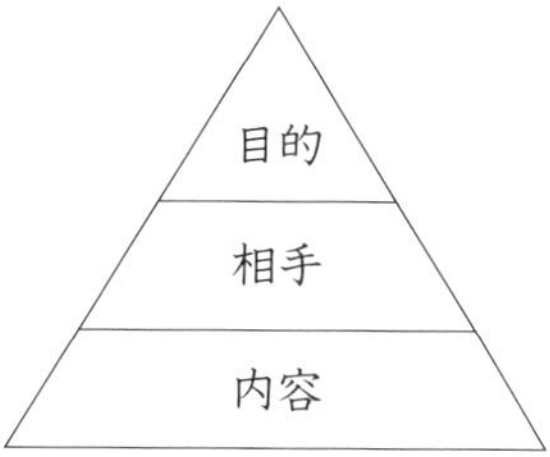

ピラミッド

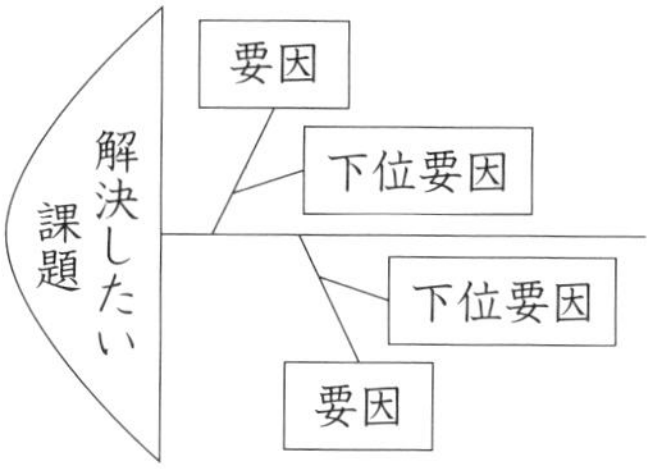

フィッシュボーン

おたのしみ企画案

	天気	場所	力の差…
腕ずもう	○	○	×
ドッジボール	×	△	○

表にして比べる

（3）提案や主張を説明するためのスキルを学ぶ

人前で意見発表をしたり、スピーチをするときに、フリップに書いたものを示しながらすると、聞き手の目線を集めることができます。実物を見せながらショウ・アンド・テル（show and tell）で話すことも有効です。スケッチブックを使えば、発表の展開にメリハリがつき、ストーリー性をもたせた発表になります。

スケッチブックで
プレゼン

（4）メモをとる習慣を付け、聞くスキルを高める

メモをとりながら話を聞く習慣は、能動的に聞く構えを子どもにもたせる効果があります。連絡帳

に書く機会や、係活動の打ち合わせを記録する機会、何かを聞いて第三者に報告する機会などを積極的に活用してメモの書き方を教えていきましょう。

メモにも様々なとり方があります。例えば次のようなものです。

・話の内容をキーワードで集約しながら書く。
・話の内容を項目化して列挙しながら整理する。
・聞いた内容を線など引きながら関係付ける。
・自分の考えと違う考えが友達から出されたら青色ペンで書き加え、新しく考えが思い付いたら赤ペンで書き加える。

このように、メモを書くことで話を聞いてその内容を要約・整理したり、自分の考えを生み出すことが促せるのです。

板書　小倉小

(5) 話合いの流れを板書等で可視化し、話合いで生み出されたものを確かにする

音声言語は目に見えないため、今何が話されているのか、話合いの目的に書き、可視化することが大切になってきます。振り返り活動などでメタ認知意識をもたせることは、学びを自覚することにつながります。それと同様に、教師が板書で話合いの目的や流れを書き表し、話し合っている内容に加えて、話合い状況についてのメタ認知意識をもたせ

るのも有効です。それによって、子どもの状況認知の思考を促し、サポートすることができるのです。教師は、子どもの発言をよく聞き、話合いの流れをつかみ、わかりやすく板書していきましょう。板書は一般的には出された考えを整理するはたらきで使われますが、このように子どもに話合いの流れを意識させるために書くこともあるのです。

5　話すこと・聞くことの指導とコミュニケーション力の指導の関係

話すこと聞くことの指導に関して、国語教科書にはどのような学習単元が用意されているのでしょうか。平成二七年版小学校国語教科書のなかの話すこと聞くことを学習する単元を見てみましょう。

「伝えよう楽しい学校生活」（進行を考えながら話し合おう　光村図書　三年）
「安全について考えよう」（三省堂　四年）
「学校を百倍すてきにする方法」（自分の考えを提案しよう　学校図書　五年）
「推薦します。この委員会活動」（推薦スピーチをしよう　学校図書　六年）

これらの学習単元は、話すこと聞くことの指導をするために、話題を設定した一連の言語活動が進んでいくというスタイルがとられていることがわかります。いわば現代の単元学習だといえましょう。

あるテーマをめぐって言語活動が展開する性質をもつこれらの学習を単元学習とするならば、そもそも単元学習とはどのような実践を指すのでしょうか。『ことばの学び手を育てる国語単元学習の新展開Ⅴ　中学校編』（日本国語教育学会　東洋館出版社　平成四年　一七頁）によると、単元学習は次のように説明されています。

単元学習とは、学習者の興味・関心・必要に根ざす話題をめぐって組織される一まとまりの価値ある活動であり、それによってことばの力、学ぶ力、生きる力を適性に育て得るものをいう。言いかえると、あるめあてを持って進められる学習活動の一まとまりを単元というが、指導者も学習者もその学習活動の一まとまりを意識して学習活動を進めるとき、それは単元学習になる。ただしそこに、学習のめあてが学習者の興味・関心・必要に立脚していること、学習を通して学習者の現在及び将来に必要な生きる力、学ぶ力がつくこと、聞く・話す・読む・書くなどの言語経験（活動）を通してことばの力がつくことの条件がみたされなければ単元学習とはいえない。

単元学習（ユニットメソッド）は、第二次大戦後日本に民主主義が導入された時期に、アメリカのコースオブスタディ（学習指導要領）によって示された概念です。単元学習の例として、日本初の「学習指導要領国語科編」昭和二十二年一二月二〇日発行（試案）には、参考一として単元「われわれの意見は、他人の意見によって、どんな影響をこうむるか」が掲載されています。

このような例示があったとはいえ、単元学習とはどんなものなのか、実態も定まらない当時の状況にあって、その具体像を提供したのが大村はま（中学校国語教師）でした。

大村はまは、西尾実の言語生活論に学びながら、ＩＦＥＬの講習会などを通して単元学習の在り方を具現化し、世に示していきました。生徒の言語生活を豊かにすることを目的として国語学習を進め

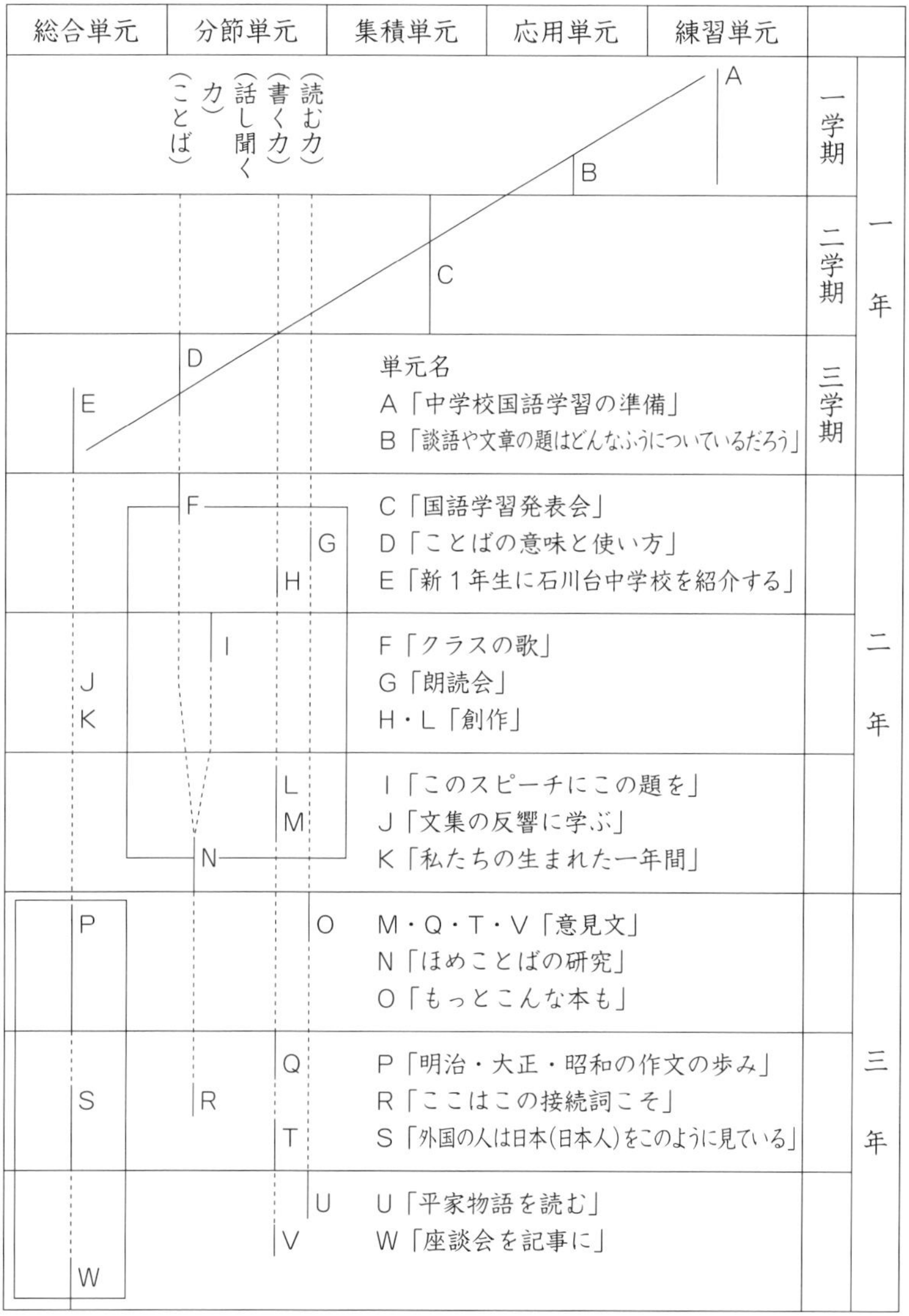

大村はまの実践カリキュラム（一九七二〜一九七四）

山元悦子「単元学習による国語学習カリキュラムの構想」『月刊国語教育研究』1994年4月　日本国語教育学会

ていこうとしたのが、大村はまの単元学習なのです。前頁の表は中学校三年にわたる大村はまの単元学習実践カリキュラムを示しています。

単元学習には定式はありません。国語教育理念に向かって段階的に柔軟に創出されていくものです。大村はまによる国語学習カリキュラムをみてもそのことがわかります。その理念の核心には次のようなものがあります。

言葉の学習は生徒の生涯にわたる言語生活を豊かにすることを目指して行われる。

豊かな言語生活を営む人とは、言葉感覚が鋭くて、より適切的確な言葉遣いを心がけて意を砕く人、読書に親しむ人、筆まめであったり、書く（例えば記録する）ことで拓ける価値を知っている人のことを指しています。

このような豊かな言語生活を営む人に育てることをめざして単元学習実践を創出し続けた大村はまは、話すこと聞くことの指導をどのように行っていたのでしょうか。

大村はまは、敗戦後の混乱した時代にあって、話合いこそ民主主義の基盤をつくる意義ある活動だと考えていました。

大村はまの中学校三年間にわたる実践のスタートは、聞くことの指導から始まっています。そして学習記録の蓄積の仕方、発表の仕方、話合い方などの丁寧な指導の積み上げの後に「単元　明治・大正・昭和の作文の歩み」などの単元学習が実施されているのです。このような実践の中で、話合いの指導はどのように行われていたのか、次の実践事例を見てみましょう。
ここで取り上げる事例は、大村はまが昭和二〇年代に行った実践（中学校）です。話し合いのテーマは「学級日誌の「記事」欄に何を書くか」。行頭に「大村」とあるのは、大村はまが一人の生徒として話合いに参加し、発言している言葉です。この場合、司会の生徒は「大村さん」と呼んでいます。行頭に「先生」とあるのは、大村はまが教師として助言発言をしたものです。行頭にＡＢＣＤとあるのは生徒を指しています。

司会　では、今日は学級日誌の「記事」の欄にどういうことを書いたらいいかについて話し合いましょう。
　どうぞ意見を出してください。
一同　・・・
（ちょっと考えが出そうもない。そこで—）
大村　（挙手）はい。
司会　大村さん、どうぞ。
大村　進行についてなんですが、ちょっと意見が出しにくいようなので、自分はどんなつもりで書いているか、ありのままを発表しあってみてはどうでしょうか。
司会　そうですね。どうですか、とにかく、みんな書いているのですから、実際どうか発表しあいましょうか。

（一同うなずく。そうね、はい、そうしましょう　など。）

A　Aさん、どうでしょう。

B　わたしは、クラスの出来事を書くというようなつもりでいます。

C　わたしも出来事だろうと思います。

司会　はい。

C　どうぞ。

A　出来事というほど、大きなことではないのではありませんか。

司会　ええ、そうです。出来事というと、ちょっと、やはり大きな事の感じですね。

D　Dさん、どうぞ。

E　平凡な出来事ですね。平凡な出来事、―ことばがおかしいけれど。

D　大きい、小さいこと、というみたいですね。

大村　なんていっていいかな、平凡なことなんだけれど、―やっぱり。

司会　（挙手）

大村　大村さん、どうぞ。

D　平凡なことのようだけど、クラスとしては、やはり、書いておく意味のあること。

先生　そう、そうです。

（大村）「意味のあること」ってわかりますか。わからなかったら質問しなさい。Bさん、質問してみなさい。

B　意味のある、ってどういうことですか。
司会　どういうことでしょう。
先生（大村）（小声で司会者に）発言した人に聞いたら？
司会　大村さん、どういう意味でしょう。
大村　書いてあると、何か、そのクラスの、その日の生活とか、クラスの人の気持ちなりがわかるようなこと、の意味です。
先生（大村）　さて、だいたいわかったのですけれどちょっとはっきりつかめないというところですね。このままでは、やはり日誌の記事のところ、書きにくいでしょうね。ここを、もう一歩進めてほんとうに今日の話し合いをかいのあるものにするのに、いま、いいことが言えるのですが、どなたか、発言、思いつきませんか。
E　あの、ちがってるかもしれないけれど、…例を出してもらう…
先生（大村）　そうそう、それから？
C　日誌を見たら、どんなことが書いてあるか読みながら考える。

（『大村はま国語教室　第二巻』筑摩書房　一九八三年　一五七頁）

この実践では、話合いが行き詰まったときにどのような発言をすればよいのかを教師が実際に一人の生徒として発言してみせる指導がなされています。このような具体的で示範的な発言を挟みながら、傍線部分のような指導を加え、話合いを望ましい方向に導いていることがわかります。教師の役割は三つ。ひとりの優れた生徒役、司会を助ける黒子役、話合いの効果的な進行を促すコーディネーター役です。
また、大村はまの国語教室は、聞くことの指導から始まっています。次のようなものです。

野地　先生、子どもたち、中学生として入ってまいりました当初、聞くことについてのしつけとか指導につきましてはどのようになさっておりますでしょうか。
大村　やってみましょうか、中学生がいると思って。短いお話をするのです、まず。
野地　お願いします。
大村　「みなさん、おはようございます。おめでとうございます。きょうは朝からもうおめでとうは何べん言われて？三べん？そう。校長先生、それからPTAの会長さん、担任の先生。そう、じゃ、私は四番めですね、おめでとう。ところで、中学校という学校は、どういうところだと思うの？小学校はねこの間までいた子どもの学校…では、ここはおとなの学校？いいえ、違うの。おとなの学校じゃないけれども、大人になる学校なの…。でね、おとなになる学校なので、子どもとしては、ちっとも悪くなかったことでも、おとながやるとおかしいことは、みんなやめる学校なの。
国語の時間にはね、まず、さあ、なんでしょうね、お話をね、一度で聞いて。一ぺんで。『いまなんて言った？』
なんて言わない。

『もう一ぺん！』

そんなこと言ってもだめ。なぜってね、おとなはね、お話を一度で聞かないと、もう聞けないの。謝らなきゃ。

『恐れ入りますが、いま、どういうお話でしたでしょう』

『すみません、ちょっと聞き漏らしちゃって』

とかね。まあ、謝らなければね、おとなにもう一ぺん言わせるってわけにはいかない。そのおとなになる学校でしょう。だから、みなさんは、きょうからね、私の話は一ぺんで聞いてください。昔の人は、二度言うと風邪をひく、なんて言ったのよ。風邪ひくかどうかは知らないけれども、私は、お話は一ぺんなの。もし聞き損なったら？そうね、そうしたら謝るのね。謝れば、二度でも三べんでも四へんでも言います。だけど、よく聞いてないで、『なんて言ったの？』

なんて言ったのでは言わない。いい？まずおとなになる学校の最初、国語の時間には、先生のお話は一ぺんで聞く。お約束よ。」


（『大村はま国語教室　第二巻』筑摩書房　一九八三年　五頁）

大村はまは、学習における聞く態度の形成が授業準備の中で一番大切であることを強調し、そのためには教師の話が一ぺんでわかるようなものであること、聞くに足る話であることが求められると述べています。「よく聞きなさい」という指示による指導ではなく、聞かざるを得ない状況を学習のなかにつくることが肝要だともあります。

聞くことの指導意識をもって自らの話し言葉を練り、生徒を導くことが授業開きの段階から始まっているのです。

西尾実の言語生活論の中では、話す聞く談話生活は言語生活の基盤領域に位置付けられています。大村はまもその考えに共鳴していたのでしょう。この大村はま実践に見られるように、コミュニケーション力の育成は、国語教科書に用意された単元の周辺に、聞くことの指導からスタートする耕しと積み上げによってなされるのです。つまり、話すこと聞くことの指導は、読むこと書くことの学習と並置された一領域というものではなく、国語学習の基盤領域を形成するものだと考えるべきでしょう。

コミュニケーション力の指導は国語学習の基盤に位置付けられ、その指導は大村はま実践のように、段階的継続的な指導により、あらゆる機会を通して行われてこそ定着していくものになるのです。

ですから、コミュニケーション力の指導は、国語教科書の話すこと聞くこと単元を生かしながら、児童生徒の言語生活を見通した幅広い視野に立って進めていかなければなりません。

まとめてみましょう。

・コミュニケーション力の指導は、話すこと・聞くこと単元による指導のみならず、あらゆる機会を通じて行う。

・コミュニケーション力の指導は、聞き合う関係づくりをはじめとする協同的態度の形成に始まり、教室に望ましいコミュニケーション文化を醸成していくことが大切。

・コミュニケーション力は、他者を受け入れ、自己表現しようとするコミュニケーションへの意欲と、コミュニケーションスキルの獲得の二つが相まって伸びていく。

6 コミュニケーションスキルの種類

コミュニケーション力を支える具体的なものに、コミュニケーションスキルが挙げられます。このコミュニケーションスキルにはどのようなものがあるのでしょうか。これを三つのカテゴリーで整理してみましょう。

・人間関係づくりのスキル
・人前で話す（スピーチ・プレゼンテーション）ためのスキル
・論理的探究の話合いを進めるためのスキル

これらのスキルは具体的な言葉やふるまいとして観察できる技能です。以下にそのスキル例と具体的な言葉を挙げておきます。

人間関係づくりのスキル
1 相手を受けとめるスキル 「それいい考えだね」「そうもいえるね」「なるほど」
2 相手の参加を促すスキル 「○さんはどう」「もっと説明してくれる?」「○さんの考えを聞かせて」
3 自分の考えを気持ちよく伝えるスキル 「ぼくから言っていい?」「○だけどどうですか」「ぼ

くは違う考えなんだけど…」
4　クッション言葉を使うスキル　「確かに…だけど…」「こうも言えない？」

人前で話す（スピーチ・プレゼンテーション）ためのスキル
1　聞き手を惹き付けるスキル
問いかけを使う　聞き手の経験を引き出す　聞き手が考えるための間をつくる
2　効果的に伝えるスキル
ナンバリングして話す　色や形など目に見えるように話す　5W1Hを入れて話す
3　話の流れがわかるようにメタ言語を入れて話す
「ここからが結論です」「話は少しそれますが」　接続語（さて・つまり・ところがなど）を入れて話す
4　キーワードを入れて話す
「これを○といいます」「つまり○○ということですね」

話合いを進めるためのスキル（問題解決型話合いの場合）
問題解決型話合いのためのスキル
1　話題や目的を念頭に置いて、それないように気を付ける　「○○について話し合うんだよね」

2　手順をメンバーで確認・共有する「まずこれについて話して、次に…」「これを考えるためにまず確かめておくことを挙げてみようか」
3　論点整理をするスキル「わかったことを挙げてみると」「似ているところをまとめると」「この考え方のいいところと問題点は」
4　思考ツールを使って話し合う
自分の考えを整理したり、話合いの中で出された考えを分類したりするのに役立つ図表を用いる。

7　コミュニケーション力の評価

(1)評価に関する基本的な考え方

コミュニケーション力の評価は、長期的なスパンで行いたいものです。そして、子ども一人一人の個性に応じた成長を見取る評価が望ましいでしょう。話すことは得意でも他者の話を受け入れることが苦手な子どもや、じっと考えてはいるけれど発言しようとしない子どもなど、子どもたちの個性は様々だからです。教科書に用意された話すこと聞くこと単元の場合、明確な指導目標に照らして到達状況を評価することになりますが、さらに広い枠組で、子どものパフォーマンス（発せられた言葉やふるまい）を観察し、長期的継続的に見取っていくことが適切なのではないでしょうか。

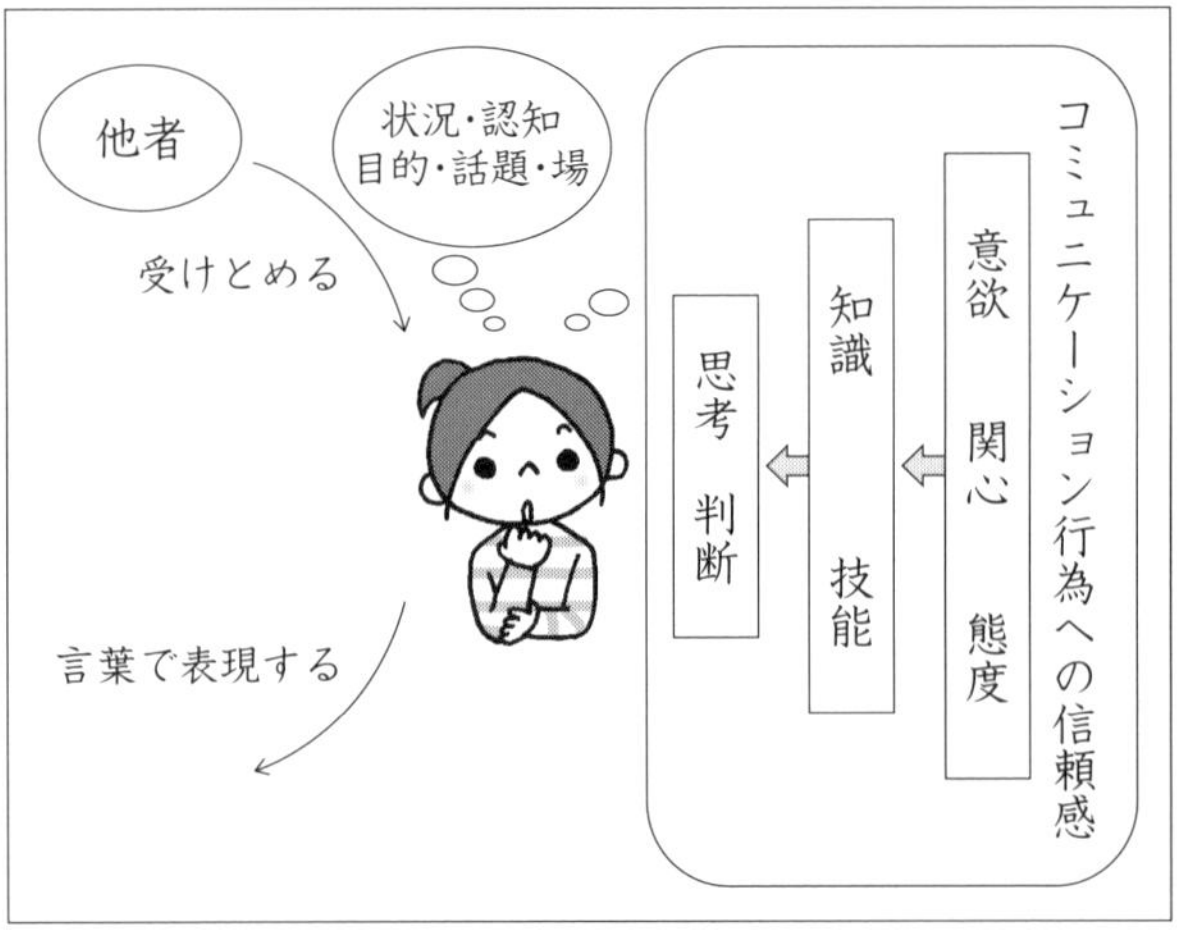

コミュニケーション行為モデル

この見取りのための観点を導出するにあたって、枠組となるのが次のコミュニケーション行為モデルです。

このコミュニケーション行為モデルのパーツモジュールにあたるものが、評価の観点を定める上でのてがかりです。パーツモジュールには次のようなものがあります。

他者を受け止める態度、思考判断をする際のリソース（資源）をなす、話すことや話合いに関する経験的知識や話す聞く話し合うためのスキル、目的や課題などの状況を配慮するメタ意識、コミュニケーション行為を進めようとする意欲。※注

これらの観点を項目にしてみたのが四八頁（二章最終頁）のチェックリストです。この項目をコミュニケーションを見取る網の目（評価指標）とするのです。この指標をカルテのように用い、子どもたちにこれら項目の具体的パフォーマンス（言葉やふるまい）が観察できたときにチェックを入れてきます。

このリストは、子どもの個性を見取り、それぞれの子どもの伸ばすべき方向を見定めることにも役立ちます。このように、望ましいコミュニケーション力を明確にし、その力を具体的な言葉やふるま

いの発現状況でとらえ、評価指標を使ってその伸長を判断していくことで、子ども一人一人に応じた評価をすることができるでしょう。

四八頁の評価指標を手がかりに、自分の教室の子どもたちを思い浮かべてチェックしてみましょう。学級全体でできているのはどの項目でしょうか。あの子にはどんな手立てが必要ですか。本書の評価指標は、必ずこれでなければならないものではありません。とすれば自分の教室ではこの評価指標以外にどのような項目が必要でしょうか。

まず、自分の求めるコミュニケーション力を備えた子ども像を明確にし、オリジナルな評価指標を作るのもよいでしょう。伸ばすべき方向を示す指針を教師がもっていてこそ、評価活動は始まるのですから。

※　詳細は山元悦子（二〇一六）『発達モデルに依拠した言語コミュニケーション能力育成のための実践開発と評価』溪水社、を参照。

Ⅳ章

「話す・聞く」を重視した単元の展開例

低学年

単元「すてきな道具を考えて、『発明コンクール』をひらこう」

言語活動「想像豊かに考え出した秘密道具について、話す事柄や順序を考えて紹介する」

二年　学習材▼「あったらいいな、こんなもの」（光村図書）

1　単元の特色と趣旨

本単元は、二年生の十二月に実践した内容です。[※1]

「話すこと・聞くこと」にかかわる学習として、「ともこさんはどこかな[※2]（光村図書二年上）」では、迷子や落とし物を探すというゲーム的な活動を通して、大事なことを落とさずに聞き、正確にわかりやすく伝えることを学びました。また、その他の学習では、特徴的な事柄を順位付け・厳選するなかで、必要な情報や適切な言葉を吟味・精選したり、聞き手を意識して話す順序や組み立てを工夫したりするなど、つくり出す過程での交流に力を入れて取り組んできました。そもそもわかりやすく話せたかどうかの判断は、話し手本人ではなく聞き手という他者評価によるものです。どんなに自分が完璧だと思っていても相手に理解されなければ意味がないからです。そのため、発表に至るまでの交流を重視し、話し手が聞き手の反応や感想という率直な評価を受け入れることで、自分の発表の改良や考えの変容につなげていくことが大切だと考えています。

本教材「あったらいいな、こんなもの」は、各自の「あったらいいな」「できたらいいな」と感じる夢や願いを楽しく思い描く魅力的な教材です。単元終末には想像豊かに考え出した秘密道具を紹介する「あったらいいな、こんなもの」発明コンクールを位置付け、それまでの学習過程の中に他者評価を取り入れたペア交流の時間を十分に確保しました。道具のはたらきや特徴、用途などをわかりやすく伝えるためにも、ペアでの質問・応答を通して相手の思いを受け止めたり発明の内容に助言したりするなど、必要な情報を取捨選択しながら話す事柄や順序を改良することを大切に取り組みました。つまり、本単元は『発明コンクール』というゴールよりも発明過程の交流を重視した学習なのです。

2 単元の目標

(1) 全体目標

・「あったらいいな」と思うものを想像豊かに考え出し、道具の内容について問い返しながら、道具のアイディアをよりくわしくしたり修正を加えたりしていくことができる。
・話す事柄や順序に気を付けてわかりやすく話したり、感想や質問を考えながら聞いたりすることができる。

（2）評価の観点

○「あったらいいな」と思うものを進んで考え、相手にわかるように話したり、友達が考えたものに興味をもって聞いたりしようとしている。〔関〕

○「あったらいいな」と思うものを想像豊かに考え出し、道具のはたらきや特徴、用途について伝わりやすい順序を考えたり友達の発明に応じて質問や感想を述べたりしている。〔話・聞〕

○質問・助言の話型を用いて話したり聞いたりしている。〔言〕

3 単元計画（全九時間）

第一次「あったらいいな、こんなもの」発明コンクールまでの見通しをもとう（2時間）

①「あったらいいな」という夢や願いを叶えてくれる道具を発明するという見通しをもつ。

②学習計画を立てたり、教師のモデルをもとに【発明に必要な視点】を見つけたりする。

第二次「あったらいいな」と思うものを発明しよう（5時間）

③「あったらいいな」「できたらいいな」という夢や願いから発明のアイディアを描き出す。

④【ツッコミリクエスト】を用いた交流をふまえて、アイディアマップにまとめる。

⑤【ツッコミリクエスト】を通して、発明した道具についてアイディアに付け足し・変更をする。

⑥話す事柄を順位付けたり、話す順序を工夫したりする。

⑦わかりやすい紹介の仕方やモデルの提示を考え、『発明コンクール』の発表練習をする。

第三次「あったらいいな、こんなもの」発明コンクールをひらこう（2時間）

⑧「あったらいいな、こんなもの」発明コンクールを開き、自分が発明した道具についてわかりやすく紹介する。
⑨本単元を振り返り、今回の学びについて自分の考えをまとめる。

4 授業の実際

(1)「あったらいいな」という思いや願いから発明のアイディアをふくらませる工夫

□「あったらいいな」「できたらいいな」と思う夢や願いを共有する時間の確保

本単元の導入では、教材名にある通り、「あったらいいな」と思うものを想像豊かに考え出し、その夢や願いを叶える素敵な道具を発明したいという気持ちをふくらませることを大切にしました。

そこで、子どもたちに「もしも魔法が使えたら？」と問いかけると、「○○がしたい」「□□になりたい」と夢のような話がどんどん飛び出してきました。私が「なぜそのように考えたのか」を具体的に問い返していくことで、子どもたちは「だってね…」と語り出し、「今困っているから何とかしたい」「さらに便利にしたい」「もっと楽しくなりたい」など、発明のきっかけ

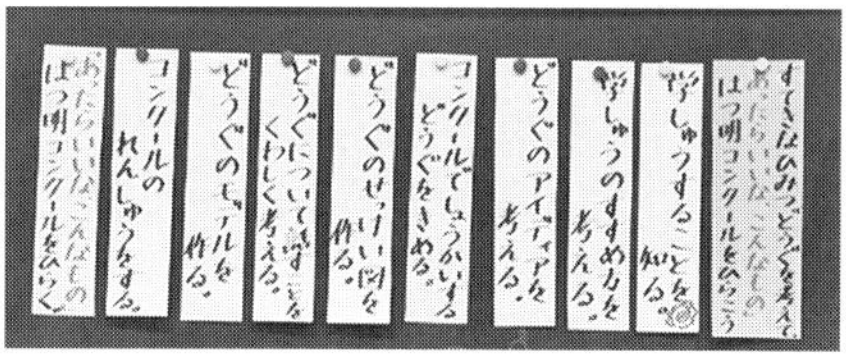

子どもとつくった学習計画

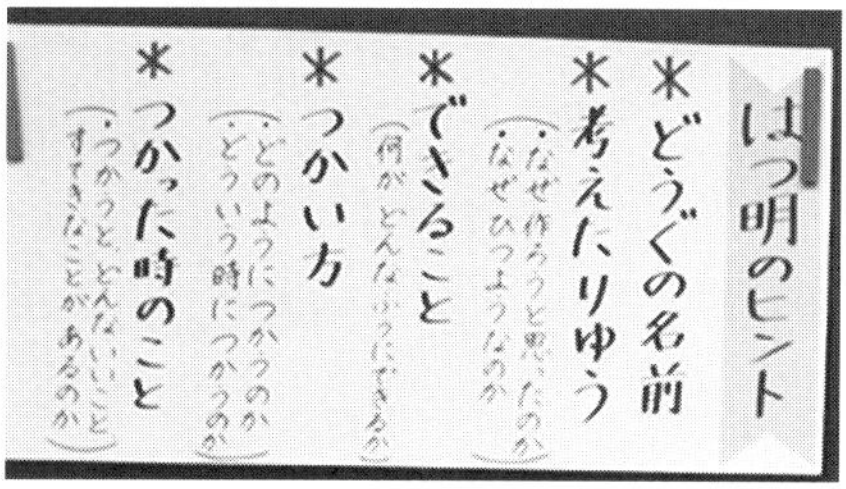

子どもと考えた発明の視点

となるアイディアをどんどんふくらませていったのです。その後、それぞれの夢や願いを叶えてくれる素敵な道具を発明し、『発明コンクール』を開くという学習の本題へつなげていくことができました。

次の時間には、子どもたちと一緒に学習のゴールである『発明コンクール』に向けた学習計画を立てました。これまでの学習や発表会の経験を生かして、『発明コンクール』を開くためにはどんな活動や準備が必要なのかを考えていったのです。出てきた意見を短冊に書いて並び替えたり補足したりしながら、学習計画を立てていきました。さらに、私が発明した道具を紹介することで、学習のゴールイメージをもつとともに学習への意欲を喚起することになりました。また、私の実演を通して『発明コンクール』で紹介するといい事柄を見つけて交流する中で、【発明に必要な視点（道具の名前・考えた理由・できること・使い方など）】を明確にすることができました。

教師の実演モデル

これから、わたしの発表を始めます。

わたしが考えたのは、水中でも息ができてスイスイ泳げる『いつでもスイスイ』です。『いつでもスイスイ』は、とても便利で楽しい道具です。『いつでもスイスイ』があったらいいなと思う理由は、海の中にもぐって、きれいな魚やめずらしい生き物を見たいと思ったからです。

『いつでもスイスイ』をかけると、水の中で息をすることができるので、泳ぎが苦手な人もスイスイ泳ぐことができます。アンテナを伸ばすと、だれかと会話をすることもできます。それに右についている赤いボタンを押せば、目の前のものを拡大して見ることができ、青いボタンを押すと、写真やビデオを撮影することもできます。緑のボタンを押すと、ライトが光るので暗い海の底でも安心です。これで、わたしの発表を終わります。

□発明のアイディアを広げるためのアイディアマップと付箋の活用による順位付け・並び替え

第二次の前半では、【発明のヒント】をもとに、「あったらいいな」と思うものを自由に発想し、アイディアシートにどんどん描き出していきました。アイディアシートは、発明した道具のはたらきや用途に合わせて絵や文で示しやすいように、白紙（Ａ４用紙）、人物だけのもの、人物と拡大図の吹き出しがあるものの三種類から選べるようにしました。子どもの豊かな発想を生かすために用意しましたが、道具を大きく描けるからか、意外にも一番人気は白紙でした。

その後、アイディアシートに描き出した道具のイメージが相手に伝わるか試すためにペア交流を取り入れてみま

自由な発想を生かす
アイディアシートの選択

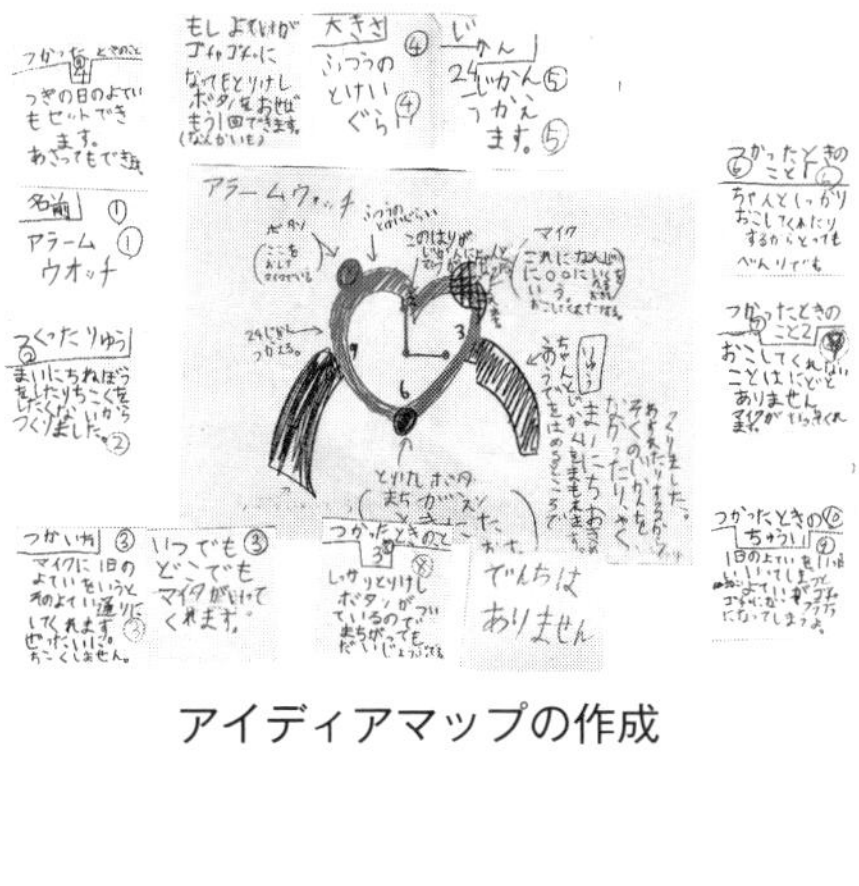

アイディアマップの作成

した。聞き手はわからないこと、詳しく聞きたいことなどを質問し、話し手はその質問に具体的に応答する中で、発明したい道具のイメージを明確にし、さらにアイディアを追加したり変更したりしていきます。あるいは、話し手の話を聞いて、聞き手が発明への助言をしていくのです。なお、今回は共同研究という形で交流するペアを固定することにしました。つまり、ペア学習を想定した座席を考慮する必要があるわけです。このような交流を踏まえて、アイディアシートの中から「『発明コンクール』で紹介したい」と思う道具を一つ選び、アイディアマップを作成しました。アイディアマップとは、四つ切白画用紙の中央に選んだアイディアシートを貼り、その周りに発明のアイディアを書き込んだ付箋を並べたものです。

交流後には、アイディアマップに新たな追加や修正を加える様子や【発明のヒント】ごとに分類しながら付箋を並び替える姿が見られました。その後、加筆修正されたアイディア（付箋）を見直し、現段階でのアイディアを精選していくために簡単なミニ発表会を取り入れました。今度は質問・応答を交互に繰り返すのではなく、話し手がコンクール形式で発明した道具について紹介し、その話を聞いた聞き手は最後に助言やコメントを伝えるのです。また、話し手にはこれまでの学習を思い出し、

アイディアの追加・修正中

話す事柄の吟味・精選

「はじめ・中・おわり」を意識するように指示しました。つまり、「はじめ」では「これから、私の発表を始めます」、「おわり」では「これで、私の発表を終わります」と付け加えればよいわけです。本単元で重要なのは「中」で話す事柄と順序なので、子どもたちに、「中」の部分はアイディアマップの付箋を使ったらよいことを告げると、すぐに「選んだ付箋にマークを付けていいか?」「話す順番に番号を付けていいか?」という質問が出ました。なかには、何も指示していないのに選んだ付箋を並び替えている姿も見られ、これまでに蓄えた付箋の順位付けと並べ替えが生かされていると、しみじみ感じました。

第二次の後半では、前時までの活動をふまえて、アイディアマップに貼られたアイディア（付箋）の中から「これは絶対に言おう」「このアイディアは外せない」と思うものを選び、『発明コンクール』で話す事柄と話す順序を考えました。前時のミニ交流会のおかげなのか、どの子も工夫して取り組む姿が見られました。中には、「先に名前言ったほうがいいかな?」「理由が一番もありやんな?」とペアで相談しながら考える様子もありました。

□他者評価の視点を取り入れた【ツッコミリクエスト（質問型・助言型）】のペア交流

今回のペア交流には、質問・応答を繰り返すことで、発明のアイディアを追加・変更しながら道具を改良していくという目的があり

ツッコミリクエストのヒント

虎《とら》の巻《まき》

◆「いつ、～？」
「どこで、～？」「だれが、～？」
◆「何を～？」「どんなことを～？」
◆「何が～？」「どんなことが～？」
◆「～は何？」「～はどういうこと？」
◆「どんな～（色・形・大きさ）？」
「どれぐらい～（時間・数・長さ）？」
◆「どのように～？」
「どんなふうに～？」
◆「なぜ・どうして、～？」

龍《りゅう》の巻《まき》

★「○○はどうかな？」
★「○○の方がいいよ」
★「□□は、わかりにくいんじゃない？」
★「□□より○○の方がピッタリだよ」
★「～してくれると、わかりやすいな」
★「～したいなら、○○するのはどうかな？」
★「～のようにしたら、いいんじゃないかな？」

【ツッコミリクエスト】の話型

ました。そこで、【ツッコミリクエスト】を用いることで、「ツッ込むくらいの気持ちで聞く」という大切さを伝えたいと考えました。「質問や助言を考えながら聞く」ではわかりにくいと感じたからです。また、【ツッコミリクエスト】の例をビデオで確認したり、【ツッコミリクエスト】の話型を提示したりするなど、交流の進め方や聞き手の意識の共有化を図りました。また、話型はあくまでヒントであることを伝え、子どもたちがこの話型を意識するあまり、『質問しなければならない』という思いにとらわれないように気を付けることが大切です。

【ツッコミリクエスト】の交流モデル

T①「私は、時間ピッタリに行動ができる時計を考えたよ」
T②「へえ、便利そうだね。どうして考えたの？」
T①「私ね、いつも朝寝坊したり電車に乗り遅れたりしちゃうから、自分の予定どおりに行動できたらいいなと思ったんだ」
T②「なるほど。予定どおりに行動できると気持ちがいいよね。それで、どんなことができるの？」
T①「これはね、時計の中のカレンダーに一日の予定をセットしておくと、時間ピッタリの生活ができるようにお知らせしてくれるの」
T②「どうして、一日なの？もっと一週間とか一か月とか予定を入れた方が楽だと思うんだけど」
T①「一日なら予定が変わってもすぐに変更できるからいいと思ったんだ」
T②「それで、その時計はどんなことができるの？」

T①「時間ピッタリに行動ができる時計だから、朝起きてから電車に乗るまでにやらなくちゃいけないこと、例えば顔を洗うとか歯を磨くとか着替えるとか朝ごはんを食べるとか、全部のことを間に合うようにやってくれるんだよ。時計を付けていたら、こんなふうに無理やり腕を引っ張って目的地まで連れて行ってくれるんだ」
T②「それはすごく便利だね。名前はなんていうの？」
T①「『どんなことでも時間ピッタリお知らせウォッチ』って言うんだよ」
T②「それって長すぎない？ 時間ピッタリにお知らせしてくれるところがいいところなんだよね」
T①「じゃあ、『時間ピッタリウォッチ』にするよ」

マップを指さして…

(2)【ツッコミリクエスト】によって、子どもの新たな発見や変容が生み出された交流

ペア交流では二段階のステップを取り入れました。第一段階の交流タイムは、お互いの道具について【ツッコミリクエスト】をし合う時間です。第二段階の振り返りタイムは、【ツッコミリクエスト】されたことを思い出し、付箋に書き加えたり付箋の内容を修正したりする時間です。どちらも十分

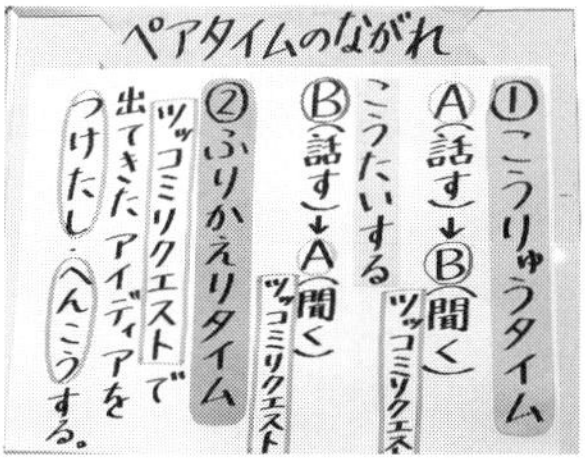

交流の進め方ボード

時間を確保することで、聞き手の意見によってアイディアマップを見直せるように促しました。ここでは、【ツッコミリクエスト】によって、新たなアイディアや改良につながったペアの交流を紹介します。

新たな気付きを生み出す交流

C①「私はみんなが幸せになる『しあわせカメラ』を考えたよ」
C②「どうして、その道具を考えたの？」
C①「みんなが笑顔いっぱいで楽しく過ごせるといいなと思ったからだよ」
C②「そのカメラはどうやって使うの？」
C①「元気がなさそうな人に向かってシャッターを押すんだよ」
C②「黙って写真を撮るのはよくないから声をかけた方がいいと思うよ」
C①「じゃあ、『大丈夫？』『元気出して。』と声をかけてからにするね」
C②「カメラの色はピンクしかないの？　他の色はないの？」

改良をめざす交流

その後、C①はC②の【ツッコミリクエスト】を受け止め、さっそく付箋にアイディアを書き加えていました。C①は自分が意図していたこととC②のとらえ方・感じ方に違いがあることにハッとして、改良するためにC②の助言や指摘を素直に聞き入れたのだと思われます。C②もC①のアイディアに共感しながらも、自分の思いと比べて自然に聞き返しているのが素晴らしかったです。二人とも相手の道具を改良するためにペアで交流するという目的をしっかりもっており、【ツッコミリクエスト】の話型以上の質問・助言によって会話をしている姿が見られたこともよかったです。その姿から、お互いに相手の意見と自分のとらえの差に気付く様子が見られ、話し合う力の高まりを感じました。

次のペアの交流にも注目してみましょう。

C③はC④の質問に対して自信満々に応答しており、これ以上追加も変更も必要ないと思ったのか、C④の意見をしっかり聞こうという姿勢があまり見られませんでした。ところが交流の終盤になって、C④の「もうちょっと名前を短くした方がいいよ」という発言によって雰囲気が一変したのです。C④はC③の話を聞いていて直感的に「名前が長い」と感じ、ぜひ伝えたいと思ったのでしょう。C③もC④の思いを感じ取ったのか、すぐに「こんな感じで?」と聞き返しながら、名前の上に赤鉛筆で二重線を引いて短く修正する姿が見られました。C③自身は完璧だと思っていたなか、C④の発言から自分では気付かなかった新たな指摘をもらえたことで、友達の存在の大切さ、他者評価の意義を感じたのではないかと思っています。その後の『発明コンクール』では、C③はC④の助言によって改良された道具の名前を紹介し、道具のはたらきや使い方について堂々と話していた姿が印象的でした。

(3) 学びを自覚し、学びをつなげるために

□振り返りのモデル化による全体共有の時間

【ツッコミリクエスト】を用いた交流を通して、アイディアマップの付箋が増加していたり付箋の内

容が変更されたりしていれば、ある程度の新たな気付きや変化は見てとることができます。しかし、実際の交流中での会話はもちろん、【ツッコミリクエスト】されてよかったことは、実際に表現させないと見えてこない部分です。だから、だれのどんな発言を受けて自分の考えがどのように変容したのか、自分の言葉で語らせることが大切なのです。そこで、毎時間の終盤で本時の学習を振り返る時間を設けました。「①今日学んだこと」を全体で確認し、本時の目標と照らし合わせながら「②交流してよかったこと」を発表し合いました。なお、C②との交流によって新たな気付きを得たC①は、振り返りの時間に、「②交流してよかったこと」を次のように述べていました。

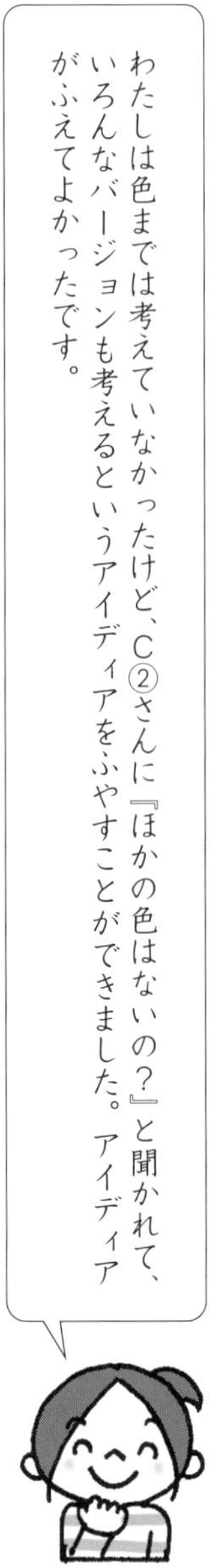
わたしは色までは考えていなかったけど、C②さんに『ほかの色はないの?』と聞かれて、いろんなバージョンも考えるというアイディアをふやすことができました。アイディアがふえてよかったです。

【ツッコミリクエスト】によって新たなアイディアが加わり、発明した道具を改良できたことがよく伝わってきます。多くの子は「アイディアが増えてうれしかったです」「アイディアが□個増えました」といった発言であることに対して、C①の発言は何によって、どのように変わったのかが明確な質の高いものだといえます。C①のような発言や先ほど取り上げたC①・C②の交流の様子を、クラスのモデルとして全体で共有し合うことで、質問の種類が増えたり交流の仕方の工夫につながったりするなど、新たな学びの機会や質の高い交流の場がクラスに生まれたのだと感じました。

また、単元の終末には「何ができるようになったか」「どんな力が付いたか」の視点で本学習を振り返りました。次に紹介するのは、『発明コンクール』を終えたあとの振り返りの一部です。

あい手が「いいな」と思えるようにがんばりました。【ツッコミリクエスト】でたくさんアイディアをもらったおかげで自しんをもって話せました。友だちといっしょに道ぐをはつ明するのはたのしかったです。

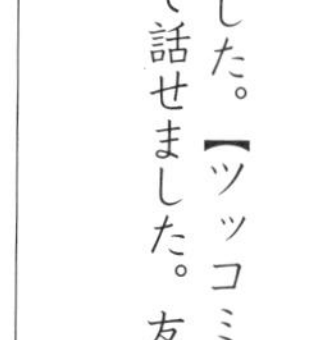

しつもんやかんそうをたくさん言うことができました。【ツッコミリクエスト】はこれからもつかえそうだなと思いました。つかえるときを考えたいです。

□学びを意図的・継続的・系統的に仕組む

第三次は、いよいよ『発明コンクール』です。コンクール予選では、ローテーションによる司会進行やタイマー係を取り入れました。国語科、生活科、学級活動を中心に取り入れているシステムのため、どのグループも円滑に進めていました。余談にはなりますが、他教科での学びが国語科で生かされることも多々あるため、その学びを活用する場や機会を、教師自身が意図的に設定することも大切だと感じています。継続的に活用していくことで、子どもたちの力としてさらに身に付き、学習活動の選択肢の一つとして蓄えられるのだと思います。低学年においては、そのような教師の一手が学びを自覚し、学びをつなぐことになるのではないかとも考えています。

そこで、『発明コンクール』では、「発明した道具についてわかりやすく発表する」「【ツッコミリクエスト（質問・感想）】を考えながら聞く」という全体共通の目標を設定しました。さらに相手意識と目的意識を明確にするため、話し手としての目標と聞き手としての目標を立てさせました。子どもたちからはこれまで学習規律として確認してきたことや「話すこと・聞くこと」を中心に学習してきたことが挙げられました。「大きな声で話す」「静かに聞く」というレベルの目標ではなく、「道具の便利なところをしっかりアピールする」「自分がほしいかどうか考えながら聞く」など具体的な目標を立てられたのは、普段教師から指導されたこと、友達から学んだことが生かされているからではないかと思います。このように話し手としても聞き手としても目標を立てることで、『発明コンクール』に対する意欲を高めるとともに、他者評価の視点を明確にしたいと考えました。

【ツッコミリクエスト】をもとに、相手の道具について質問やコメントをしたあとには、「①声の大きさ」「②説明のわかりやすさ」「③道具のアイディア」の三点で◎○△評価を行いました。「②説明のわかりやすさ」は初めて聞く道具の説明がよく伝わったかどうかが基準となり、「③道具のアイディア」は実際にその道具がほしいかどうかを基準に評価するように伝えました。けれど、どんなに道具の説明がわかりやすく素晴らしい発明であっても、「①声の大きさ」が△評価だと他の二つの評価に大きく影響することがよくわかりました。

発表の基本は声の大きさであるため、日頃の細やかな指導と安心できる雰囲気づくりの大切さ、基本の学びであっても意図的・継続的に指導していく必要性を実感しました。今後も教室に常時掲示している「声のものさし」「話し方あいうえお」「聞き方あいうえお」「相づちあいうえお」「○○名人シリーズ」[※3]などを折にふれて活用し、国語の総合的な力をはぐくんでいかなければと思いました。また、教師自身が【ツッコミリクエスト】などの既習の学びを活用できる場面や機会を意図的に仕組む必要性も改めて感じました。そのような意図的・継続的な指導を、学びの場や子どもの実態に応じて段階的に系統立ててレベルアップさせていくことも大切だといえます。そのためにも、子ども自身が学びを自覚するだけでなく、その学びをつなげていく教師の手立てや単元構想の工夫、振り返りの在り方など、さらに研究を深めなければならないと実感しています。さらに場合によっては教科書教材にとどまらず、ペア・グループ学習を中心とした活動を取り入れたり、自前の教材で小単元を仕組んだりすることにも挑戦したいです。子どもの求めと学びをしっかりと見つめ、国語科として付けたい力を明らかにしながら授業改善に努めていきたいです。そして、学級集団としての仲間意識の向上と学習集団としての学びの高まりをめざし、自分自身の教師力向上を図りたいと強く感じています。


〔※1〕本実践は「平成二十八年度　滋賀大学教育学部附属小学校　研究紀要第六十六集『学びの実感により自己を形成する子ども～教科の本質から資質・能力を顕在化させる授業デザイン～』」に掲載した実践より引用したもの。

〔※2〕詳細は「滋賀大学教育学部附属小学校　教育短信『初等教育みずうみ』第百四十五号」を参照。

〔※3〕話し方名人、聞き方名人、発表名人、説明名人、質問名人、話し合い方名人、音読名人など、橋詰が独自にまとめて、教室に常時掲示しているもの。

中学年

単元「話合いを見つめ直そう―考えを深めてなっとくするために―」

言語活動「学級最後の集会についての話合いを振り返り、考えをまとめる」

四年　学習材▼「目的そのものを考える話合い」

1　単元の特徴と趣旨

四年生は、思考力の発達段階からみると、他者の立場に立って物事を考えたり、自分の考えを客観的に見たりすることのできる時期にあります。また、集団としての観点から見ると、仲間意識が高まり、組織的・集団的な行動をするようになります。一方で、自分なりの判断力も高まるため、激しく自己主張をする姿が見られるようになり、発言力の強い子どもの意見が通りやすくなります。

そこで、本単元では、集団決定の場がある学級活動との関連を図り、発言力ではなく、「目的そのものについて立ち返ったり、相手の考えを受け入れたりしながら、考えを深めて納得する話合いをする力」の育成をねらって、「話し合うこと」の学習材を開発しました。

一月、クラス替えがあることを見据えた子どもたちは、学級会において「思い出に残る四Ａ最高の集会がしたい。」と、プログラムについての話合いを始めました。しかし、一人一人の思いが強く、簡単に決まるであろうと考えた「みんなで歌う歌」すら、納得のいく話合いできまりません。子どもたちは「このままの話合いだと、『思い出に残る四A最高の集会』はできないのではないか」という問題に直面します。本単元は、このような、子どもの生活の中から生まれた問題の過程を通して、「考えを深めて納得する話合いをする力」を付けていく学習のひとまとまりです。

2　単元の目標

〈国語への関心・意欲・態度〉

○「思い出に残る四A最高の集会をする」という目的について、自ら考えを話したり、聞いたりして、進んで話し合おうとする。

〈話す能力・聞く能力〉

○「思い出に残る四A最高の集会をする」という目的について、立ち返ったり、相手の考えを受け入れたりしながら、考えを深めて納得する話合いをすることができる。

〈言語についての知識・理解・技能〉

○話合いの言葉には、話し手や聞き手の思いが込められていることに気付くことができる。

3　展開計画（総時数　9時間）

第一次　1時　今までの話合いを見つめ直し、学習問題を設定する。

2時　学習計画を立て、考えを深めて納得しながら話し合うポイントを考える。

第二次

1時　「思い出に残る四A最高の集会をする」という目的について、グループで考えを深めて納得しながら話し合う。

2時　「思い出に残る四A最高の集会する」という目的について、話し言葉と思いを結び付けて話し合う。

3時　「思い出に残る四A最高の集会をする」という目的について、学級全体で考えを深めて納得しながら話し合い、考えをまとめる。

第三次

1時　目的について、考えを深める話合いをしたよさについてふり返る。

4　授業の実際

ここでは、本単元のポイントとなる、第一次と二次を中心に説明します。

第一次1時では、「納得するまで深く話し合って、思い出に残る四A最高の集会をしたい」という単元を貫く意欲を高め、見通しをもつことができるように、単元導入前に行った「思い出に残る四A最高の集会」の話合いの映像や、一、二学期で学んだことについてふり返る場を設けました。

【手立て：学級会の話合いの映像の提示、既習学習のふり返り】

この前の集会の話合いは、みんな納得できていなかったよね。今の自分たちの話合いには何が足りないのかな。ふり返って、自分たちの話合いを見つめ直してみよう。

すると、子どもからは、「学級会での話合いで、まったく納得できなかったのはどうしてだろう」「話し合った内容が薄かったな。もっと濃い話合いをしたら納得できるのではないかな」「『深める』と『濃い』は、似ているのではないかな」など、様々な問いが出てきました。そこで、学習問題をつくるために、今の自分の話合いに対する問いをノートに書きました。

第一次2時では、1時に各自が出した問いをまとめた資料1を作成、配布しました。作成のポイントは、子どもに立ててほしい学習問題をキーワードにして、問いを分類することです。

【手立て：話合いの問いを分類したシートの提示】

前の学習でみんながもった問いをまとめたものだよ。これらの問いをもとにすると、どんな学習問題がつくれるかな。

子どもは、資料1の問いをもとに、「どんな話合い方をすれば、考えを深めて納得できる話合いができるのかな」という問いを見いだしました。そして、「思い出に残る四A最高の集会にするために、話し合いを見つめ直し、考えを深めて納得する話合いをしよう。」という学習問題をつくり、「話合いを見つめ直そう～考えを深めてなっとくするために～」という単元が生起しました。その後、「一、二学期に見つけてきたように、考えを深めて納得する話合いにも、『なっとくポイント』があるのではないかな。」など、学習の内容と方法の見通しをもち、学習計画を立てました。

第一次のポイントは、子どもとの単元づくりです。単元を教師から一方的に与えても、主体的な学びにはなりません。単元は、子どもの生活の中から生まれた問題→学習問題→単元の順で生起するものなので、教師の教えたいことが子どもの生活の中になければ、種まきをする必要があります。本単元の場合は、子どもから自然に「集会の話合いがしたい」という声が挙がりましたが、もしそうでない場合は、子どもが「四A最後の集会について話合いたい」という思いをもつことができるように、教室に今までの集会の写真を掲示したり、四Aで最後にみんなでしたいことを募集するポストを設置したりします。その上で、学習問題をつくります。単元は、学習問題のキーワードを取り出してつくるものなので、学習問題なしに単元が生起することはありません。

第二次では、考えを深めて、納得する話合いができるように、「納得ポイント」を見つける学び合いを仕組みました。ここでは、子どもが新たな知識・技能を獲得した1時について具体的に説明します。1時では、二学期

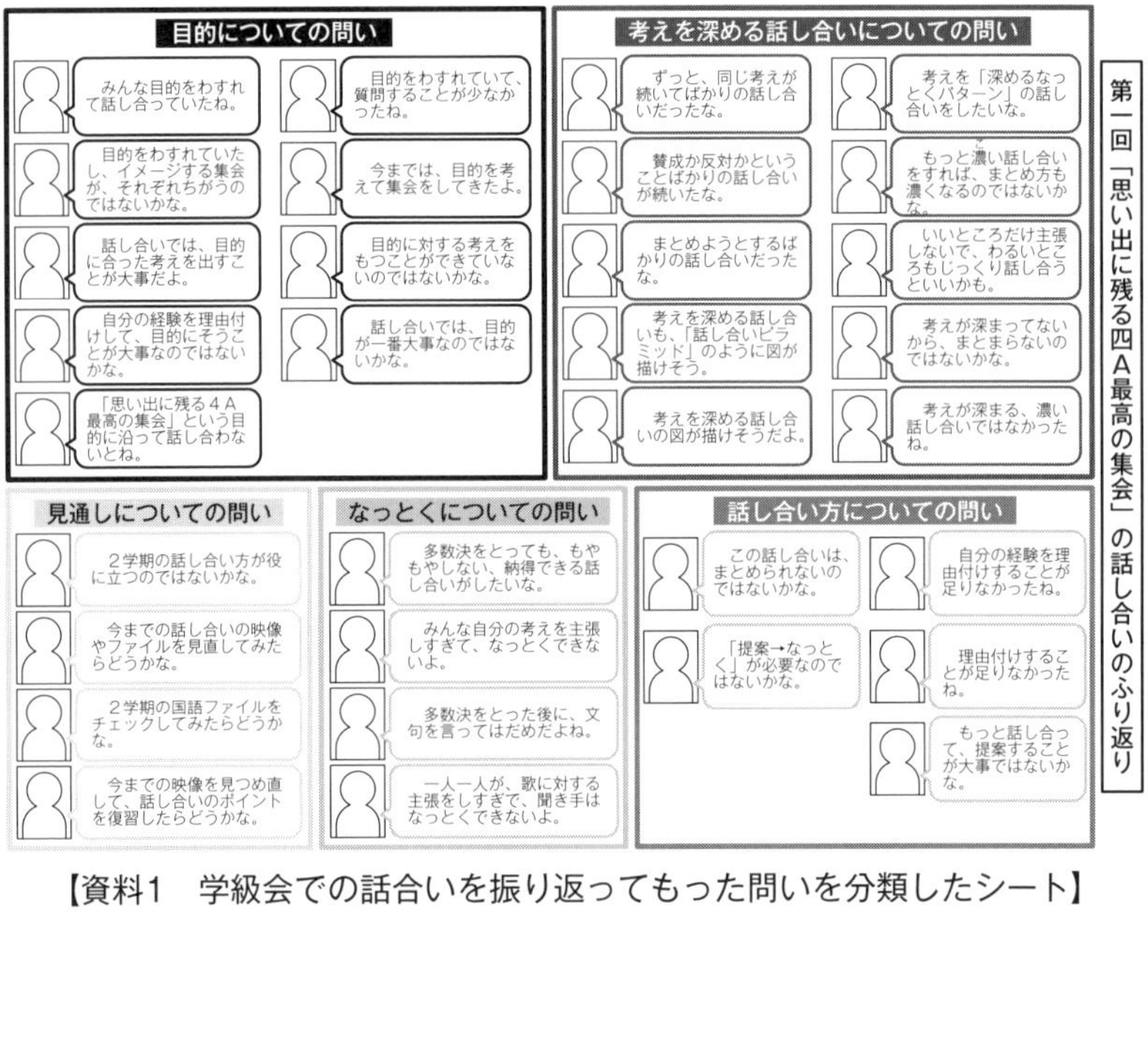

【資料1　学級会での話合いを振り返ってもった問いを分類したシート】

単元「ちがう考えでもなっとくする話し合い～四A図書館改造大作戦～」での話合いを例に、教師によるサンプルCDを流し、資料2のように、その話合いを文字化したワークシートを提示しました。サンプルCDは、ボイスレコーダーに音声を録音して、CDに取り込み、自作しました。このサンプルの特徴は、「目的」という言葉は使っていますが、その内容が「読書のよさを伝える」という抽象的なものであり、話合いが深まっていないところにあります。これは、話合いの中で「目的」という言葉を使うことはできていても、その具体を考えて話し合うことができていないという子どもの課題を踏まえたものです。このサンプルCDを流し終わった後、次のようなゆさぶり発問をしました。

【手立て：話合いのサンプルの提示とゆさぶり発問】
この話合いは、すごく考えが深まっていたでしょう。

すると、子どもは、「深まってない。だって…」「深まりそうなところで…」「何か、今ちょっと掘り出し始めたような…」とつぶやき始めました。そこで、話合いを文字化したワークシートに気が付いたことを書き込む場と、それをもとにグループで考えを交流する場を設けました。

その際、教師は、「目的」という言葉に注目しているグル

A：「読書のよさを伝える」というのが、四A図書館の目的だよね。
B：じゃあ、ポスターに「読書はいいよ」って書けばいいね。
C：そうだね。
B：じゃあ、ビブリオバトルはやめた方がいいんじゃない？
C：どうして？
B：だって、「読書のよさを伝える」というのが、四A図書館の目的だから。
C：たしかに、そうだね。
D：じゃあ、ポップを書くのはどうする？
B：それもやめた方がいいよ。だって、「読書のよさを伝える」というのが、四A図書館の目的だから。
A：えっ？私は、ポップは書いた方がいいと思うよ。だって、「読書のよさを伝える」というのが、四A図書館の目的でしょ。

【資料2　考えを深める話合いのサンプルの文字化】

ープを見つけ、記録をとります。この後の全体での交流で、「目的」について考えるという学びを焦点化するためです。もし、ワークシートに「何を書いてよいのかわからない」という声が挙がったときには、「『いいな』と思うところには赤線を、『よくないな』と思うところには青線を、『気になるな』という言葉には丸を付けましょう」と具体的に指導します。そのなかで、書き込みをしている子どもがいたら、「○○さんは、気が付いたことをこのように書き込んでいるよ。こうすると、理由がよくわかるね」と紹介し、価値付け・称賛します。すると学びが広がります。

資料3は、全体での学び合いの実際です。

C1：ぼくは、図に描いてみると、今の話合いは、左の図のようになっていると思います。→
これが、「目的」の中心となる棒。

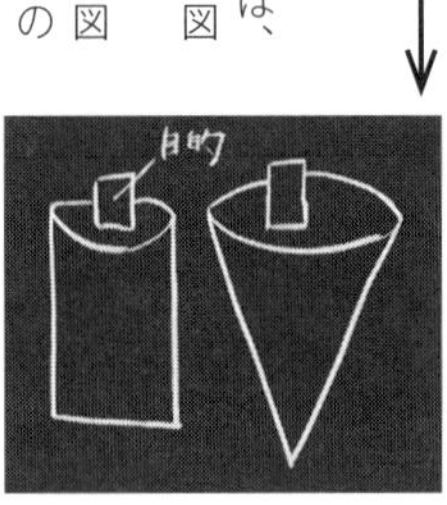

全員：ああ!!
C1：「目的」にくっついた話合いをどんどん続けているけど、ぼくたちが目指しているのは、ここの「目的」の中心となるものに対して、どんどん話合いを深めていっている右側の図だから、「目的」に話合いが付き添いすぎている今の話合いは、だめだと思います。
C2：C1さんに繋げるんだけど、最初のところで、「『読書のよさを伝える』というのが四A図書館の目的だよね？」って確かめてますよね？なのに、また、ここで、「ポップを書くのはどう？」とか、ポスターとかいろんな意見を出してますよね？
全員：うん、そうそう！
C2：一つのことを深く話し合ってないですよね？一つのことを深く話し合ったら、えっと…話はまとまるんだと思います。
C3：ぼくが思うには、「目的」だけに注目していて、質問がないんですよ。
全員：そうそう！
C3：反応や質問がないと、真の意見というのが成り立たないんです。さっき言ったC1くんのこういう（右の図を指す）…。質問がないと、ここまで成り立たない。だから、「目的」だけに注目しすぎていると、こういうふうに何でも

全体での学び合いの様相】

【資料3　話合いのサンプル提示後の

　　　賛成になってしまうと思います。
複数：ああ！
C3：何でも賛成ではなくて、もっとじっくりじっくり話し合っていかないといけないと思います。
C4：Bさんで例えるんだけど、「だって読書のよさを伝えるのが四A図書館の『目的』だから」と、「目的」が理由になっているんですよね。
C5：理由か！それは思い付かなかった。
C3：だから、○○さんが言っていたんだけど、「目的」が理由になったら、ただの言い訳みたいに、「だって『目的』だもん」と言ってしまう。ビブリオバトルだったら「本が好きではない人は楽しめないんじゃない？」と、そういうことを言ったらいいけど、このままだったら、「『目的』が理由だもん」と言って、何でその「目的」がだめなのかとかいいのかについての理由は聞いていない。だから、ぼくは、「目的」が条件になっているから、この話合いは、ちょっと成り立っていないんじゃないかなと思います。
複数：それに！C3くんが言ったことを図に描いて！いいところもあって！
C6：ここに、「じゃあポスターに『読書はいいよ』って書けばいいね」って書いてあるじゃないですか。ここは、その次のCさんが「そうだね」ってすぐ納得しているから、ここで本当は理由を聞けば濃い話合いになっているのに…。
C5：理由付けが足りないのか！
C6：ここですぐ納得しているから、薄い話合いになっていると思います。ここで理由を聞いて、それから深めていけば、濃い話合いになったと思います。
複数：そうよね。
T：みんなの考えを聞いてみると、「目的」「目的」と言っているけど、C1くんが言ったように…。
複数：深まってない。まとまってない。
T：「だって『目的』だもん」という言い訳ばかりみたいになっているんだね。
C6：「目的」イコール理由じゃない。

　資料3の傍線部からわかるように、サンプルを提示したことで、子どもは、四つの改善点を見つけました。特に、本単元の目標である、「目的」についての意識を高めていったことがわかります。そこで、今度は、資料4のような話合いのモデルを音声CDとともに提示しました。このモデルの特徴は、「そもそも」と今までの考えに一度立ち返る、詳しく尋ねる、考えを確かめるという話し合い方を通して、「目的」についての考えを深めているところにあります。

【手立て：話合いのモデルの提示といざない発問】
では、この話合いは考えが深まっているかな。

音声CDを流すと、Bさんの一番始めの「そもそも」を聞いた瞬間、複数の子どもが「ああ！この言葉が出たら完璧！」と大きな反応を見せ、一斉にワークシートへの書き込みが始まりました。そして、音声CDをすべて聞き終わった後に、「わあ！すごい！さっきの話合いより、とてもいい！」と声が次々と挙がりました。そこで、話合いのサンプルのときと同様、個人→グループでの学びの後、全体での学び合いを行いました。資料5は、その実際です。

資料5の傍線部からわかるように、モデルを提示したことで、子どもは、考えを深めて納得するポイントは、「経験を言う」「詳しく質問する」「『そもそも』と一度立ち返る」であるということに気が付きました。学びを焦点化す

A：「読書のよさを伝える」というのが、四A図書館の目的だよね。
B：でも、そもそも「読書のよさ」って何かな。
C：「私は、本を読んだら想像が広がる」ということだと思うよ。
B：「想像が広がる」ってどういうこと？
C：例えば、「白いぼうし」を読んだときに、女の子はちょうちょかな、ちがうかなって、いろいろ考えながら読んだら楽しかったでしょ。それが、想像が広がるということかな。
B：そういうことね。ぼくが考える「読書のよさ」は、Cさんとはちがうんだけど、「自分がかわる」ということだと思うよ。
C：「自分がかわる」って、どういうこと？
B：本を読んで、勇気をもらったことがあるんだ。
D：へえ。読書には、人をかえるよさがあるんだね。
A：じゃあ、「読書のよさを伝える」ということは、「想像が広がる」とか「自分がかわる」とかいうことになるね。だから、「想像が広がって、自分がかわる」アイディアをもう一度、選んでみようよ。

【資料4　考えを深める話合いのモデルの文字化】

C7：今さっきの話合いのときは、ほとんど質問がなかったじゃないですか。だけど、この話合いは、質問が何個もあるし、さっきと違って、「目的」もそこまで出てないじゃないですか。だからこっちの方がいいと思います。
複数：それに！似ていて！しかも！まだあって！
C8：私は、ここのBさんの「本を読んで勇気もらったことがあるんだ」というところがいいと思いました。
C6：確かに、そこもいい。
C7：理由は、自分の経験を言って相手を納得させているから、本当に自分がこうなったと言った方が、みんなも納得しやすいからBさんの経験を言っているところがいいと思いました。
C9：質問のことなんだけど、前の話合いは「どうして？」で終わっていましたよね。でも、その次の話合いは、「でも、そもそも、読書のよさって何かな。」と、自分が知りたいことをどんどん話し手に追跡しているんですよ。だから、一回目は「そうだね」とすぐ納得しているけど、二回目はすぐ納得しないで、「えっ、どうして？」とか、「経験があるんだ」とか、「広がることはどういうことかな？」という、相手に対して優しい質問をしています。話の立て方が二回目の方がいいと思います。
複数：はい！それに繋げて！

T：今、「そもそも」というところに注目していたけど、ここに注目した人はいるかな？

C10：私は、一回目の話合いは、ただ賛成していて質問がないから、本当に納得しているように思えないんだけど、二回目は、「そもそも」と言っていて、これは、「思ったんだけど」というのと同じだから．．．。
複数：ああ。
C10：だから、本当に、「これがわからないと次のことがわからない」ということだから、その最初の第一ステージみたいなところ、その時点で深めているんだなと思いました。
複数：付け加えて！それに！
C11：「そもそも」というのは、何か、話合いの根本から「こうじゃないかな」とじっくり濃く一つのことについて話し合っていると、ぼくは思うから、「そもそも」がキーワードなんだなと思います。
T：今のみんなの考えを聞いていると、やっぱり二回目の方が。
複数：前より断然いい。
T：読書のよさが、根本から考えたり、質問したり、詳しい理由を言ったり、経験を言ったりすることで、「こういうことね」と深くなっていくということがわかったね。

【資料5　話合いのモデル提示後の全体での学び合いの様相】

るポイントは、「そもそも」に着目した瞬間を取り上げて、そのよさを考える場を設けることです。

このような話合いのポイントを見つけた上で、2時、3時では、「思い出に残る四A最高の集会をする」という目的について、まずは、資料6のようにホワイトボードを用いてグループで学び合い、その後、資料7のように、全体で学び合いました。

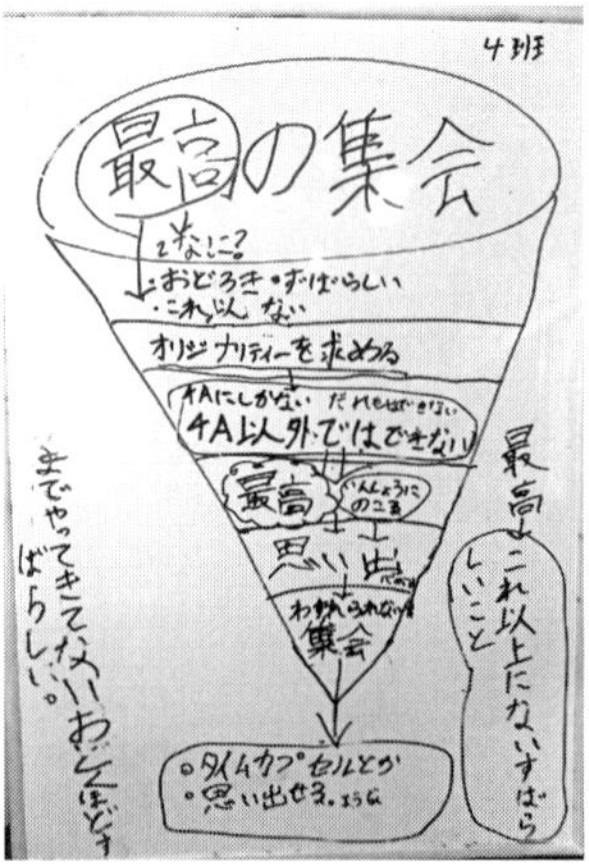

【資料6　4班の学び】

C12：最高だと思い出に残るということだから、段々、「楽しい」「今までと違う」「感動」などがあると最高が満たされて、その最高が、忘れられなくなって、最高があるから思い出に残る…。わからなくなったので助けてください。

C13：C12さんが言いたいのは、「最高の集会」があるから「思い出に残」って、なぜ「思い出に残る」かというと、「最高の集会」をしたからなんですよね？それが、きっと言いたいことで、その中にも、「感動」「残るもの」があるから思い出に残って、集会があるということだと思います。

C14：みんなが言いたいのは、要するに、「思い出に残る」から「最高の集会」になる。だから、この二つは同じ意味として、とても価値が高いもの。この今から計画する「最高の集会」は、四Aが今までしてきたものの中で、もっと価値が高いものなんですよね？

全員：ああ。うん。

C14：だから、「最高の集会」「思い出に残る」の後に、「大人になっても忘れない」「今までみんなでがんばって駆け抜けてきたから、印象に残る」などが回ってきて、「最高の集会」の中でも一番深いところに「思い出に残る」が来て、「思い出に残る」の一番深いところに「最高の集会」が来るのではないかなと思います。みんなの考えを聞いてこのように思ったんだけど、どうですか？

全員：う～ん。

集会」とは何かという全体の学びの様相】

C15：ぼくは、さっきC14さんが言っていたんだけど、「思い出に残る」のは「最高の集会が」あるからと言っていたじゃないですか。その「最高の集会」の発信源が「オリジナリティを求める」ということだと思うんですよ。
全員：う～ん。ああ！
C15：オリジナルを求めたら、さっきC14さんが言ったように、「今までにない」とか「刺激的」とか、今までにないことがあるから「最高の集会」ができるんですよ。今までの平凡な、今までとまったく同じプログラムの集会だったら、「思い出に残」らないのではないですか？
全員：ああ！ああ！確かに！
C16：それだったら、いつもの集会だね。
C15：今までの集会とレベルが同じで。でも今回するのは、レベルが最高の集会だから、オリジナリティを求めて、成功したら印象に残る、印象に残ったら、思い出に残るじゃないですか。そして、思い出に残ったら大人になっても忘れないのではないですか。だから、発信源はオリジナリティを求めることにあると思います。

【資料7 「思い出に残る4A最高の

子どもは、考えを深めて納得する話合いのポイントを用いて話し合ったことで、「思い出に残る四A最高の集会」を「今までの中で最も価値が高く、苦労して、自分たちの手で創り上げ、四A以外ではできないオリジナリティがある、感動が残る集会」と考え直し、本単元終了後、集会の話合いを再開しました。その結果、単元前に決まらなかった歌は、四Aの一人一人のよさを入れたオリジナルの替え歌にきまり、新しいプログラムも加わるなど、集会は、四A全員が納得のいくものとなりました。

高学年

単元「説得力のある構成を考えてビブリオバトルをしよう」

言語活動「卒業までに読んでほしい本を六年生に推薦するスピーチをする」

五年　学習材▼卒業をテーマにした図書

1　単元の特色と趣旨

本単元では、卒業を控えた六年生（一～三月頃）に向けて五年生が本の推薦スピーチをして、六年生が読みたくなった本に投票しチャンプ本を決めるビブリオバトルを設定しました。ビブリオバトルを設定することで、卒業前の六年生の心に響く本を推薦するという相手・目的意識が明確になります。しかし、卒業前の六年生に適した本を事前の読書で把握できている五年生の子どもは少ないことが予測されます。そのため、適した本を選び出すための読書をしたり、インタビューをしたりして取材する必然性が生まれます。さらに、自分が推薦した本が実際に読んでもらえるように、構成・表現・話し方を工夫してより説得力をもたせる必然性も生まれます。

本単元までに、五年生の子どもは文学的な文章、説明的な文章、伝記等を扱った学習において、並行読書、調べ学習等で様々なジャンルの本を読んでいます。また、本の紹介をする言語活動にも取り組んできています。本単元ではこれまでに、学んだ力を発揮して、推薦対象の本を分析して取材し推薦理由へとつなげることで、習得したことを活用させる読み方もさせることで、推薦理由の質を高めることにつなげます。

本単元の活動を通して、五年生が六年生の立場や心情を推察・理解することで、その思いに寄り添わせ、六年生へ感謝の気持ちを表す様々な活動を我が事としてとらえて進められるようにするための機会となるようにもしました。

2 単元の目標

(1) 全体目標

卒業前の六年生の心に響く本を推薦する理由が明確に伝わるように、話の構成を工夫しながら、場に応じた適切な言葉遣いで、推薦スピーチをすることができる。

(2) 評価の観点

○本を推薦するために必要な事柄に気付き、話したり聞いたりしながら確かめようとしている。(関)
○目的や条件に照らして、推薦する内容や理由を考えている。(話・聞)
○声の強弱・速さ・間のとり方等を意識して話している。(話・聞)
○話し言葉と書き言葉のはたらきや特徴の違いに気付いている。(言)

3 単元計画

第一次（第1時）

ビブリオバトルと推薦スピーチの仕方（教師のモデル）を知り、言語活動のイメージや相手・目的意識を明確にもたせる。ビブリオバトルと推薦スピーチをするための学習計画を立てる。

第二次（第2～5時）

取材をして推薦する本を決める。スピーチメモを作り原稿を書く。原稿をもとに発表練習をする。

第三次（第6・7時）

ビブリオバトルで本の推薦スピーチをして、六年生に投票してもらった後に六年生からの感想を聞く。単元全体の振り返りを書く。

4 授業の実際

(1) ビブリオバトルと推薦スピーチの仕方（モデル）を知り、学習計画を立てる。

言語活動を設定する際には、教師からの決定事項として子どもに示すのではなく、子どもの思いを引き出したり取り入れたりして目的を十分にとらえさせつつ教師のモデルを示し、具体的なイメージをとらえさせます。そうすることで、子どもの「やってみたい」「成功させたい」という意欲を高め、自分たちの手で学習をよりよいものにしようとする子どもの主体性が単元を通して持続する鍵となります。

T：いよいよ六年生があと三ヶ月で卒業を迎えます。六年生にとって卒業が心に残るように、今まで学んできた国語の力を使ってできることはないでしょうか。

S：卒業がテーマの本の読み聞かせをする、卒業がテーマの詩や言葉を書いて贈る、六年生との思い出新聞やパンフレットを作って贈る等。

T：先生も卒業をテーマにした活動を考えました。それは、ビブリオバトルです。五年生のみなさんがお薦めの本のスピーチをします。そして、六年生が読みたくなった本に投票をしてチャンプ本を決める活動です。では、試しに先生が今からやってみます。（ビブリオバトルの経験がない場合は、担任以外の先生も含めて三名程度で推薦スピーチをして五年生に投票させる模擬ビブリオバトルを体験させるのもいいでしょう。）

モデル文（五百～六百字程度、二分間程度）※六百三十字

六年生のみなさんは、卒業したらランドセルを何に使いますか。僕は、六年生のみなさんに「ランドセルは海を越えて」という本を推薦します。この本は、日本で使われなくなったランドセルをアフガニスタンへ贈る活動について書かれた本です。僕がこの本を推薦する理由は二つあります。

一つ目の理由は、アフガニスタンの子どもたちがランドセルを使って生活する様子がたくさんの写真で紹介されているからです。中でも、ぼくはこの写真に驚きました。日本のような学校の建物がないアフガニスタンでは、ランドセルを机の代わりに使って勉強しているのです。日本から届いたランドセルをもらった子どものとてもうれしそうな顔もぜひ見てください。

二つ目の理由は、この本を読むと勉強する意味を考えられるからです。アフガニスタンでは戦争のために学校に通えない子どもがたくさんいます。アフガニスタンの子どもたちは「勉強してまわりの人を助け、人の役に立ちたい」と思っていることに驚きました。ぼくはこの本を読むまで、学校に通うのは当たり前で勉強して家族を守ろうと考えたことは一度もありませんでした。きっと、「何で勉強しなければならないのだろう。」と思っている六年生もいるのではないでしょうか。でも、この本を読めば、学校に行きたくても行けない子どもの気持ちがわかるので、学校で勉強できるのが幸せだと感じられます。そして、何のために自分は勉強するのかを考えさせられます。
六年生のみなさんがランドセルを使うのもあと少しです。ランドセルの大切さや学校で勉強する意味が考えられる本なので、卒業までにぜひこの本を読んでください。

T：先生の推薦スピーチを聞いて、スピーチにはどのような内容を入れる必要があると思いますか。
S：本の題名とあらすじ、推薦する理由、予想される反論への答え、資料（写真）、呼びかけや問いかけ等。
T：では、この本の推薦スピーチを卒業前の六年生にするためには、どのような本を選ぶことが大切でしょうか。
S：卒業がテーマになっている本、小学校の思い出を振り返ることができる本、中学校が楽しみになる本、こんな生き方をしたいと思える本、友達や下級生との友情が感じられる本等。
T：では、より多くの六年生に投票してもらうには、どのような発表の仕方や話し方をすればいいでしょうか。（ここで、もう一度モデルを示すのも効果的です。）
S：推薦する理由をいくつか挙げる、強調するところで声に強弱の変化をもたせる、原稿ばかり見ずに聞き手に目を配りながら話す等。
T：では、六年生にとっての卒業が心に残るようにするためには、この単元ではどのような学習が必要ですか。

とらえさせたい学習活動の要素
①本を決める（＋本を読む）　②構成メモを書く　③原稿を書く（＋推敲する）　④発表練習をする
⑤ビブリオバトルをする　⑥単元を振り返る

学習計画はおおよその活動のまとまりとステップを子どもがとらえられるように、簡潔に掲示物にまとめることが重要です。またなぜその順に学習する必要があるのかという理由を話し合わせると、学習する目的が明確にとらえられます。学習計画を立てることに子どもたちが慣れていない場合は、それぞれの学習活動を書いた短冊を並べ替えて学習計画を立てさせます。ある程度慣れてきたら、これまでに学習した単元の学習計画表（掲示物等）を参考にさせて考えさせることも効果的です。

学習計画は一覧にして教室に掲示し、各時間の導入において本時の位置付け、学習する目的、前時とのつながり等を確認する際に活用します。それにより課題追究意識を高めます。

(2) 推薦する本を決める。

推薦する本は、次の三つの方法から決めます。

①今まで読んだ本の中からテーマに合う本を選ぶ。

書名	著者名	出版社名
ランドセルは海を越えて	内堀タケシ	ポプラ社
オーロラの向こうに	松本紀生	教育出版
きみの行く道	ドクター・スース	河出書房新社
13歳の進路	村上龍	幻冬舎
たくさんのドア	アリスン・マギー	主婦の友社
ともだち	谷川俊太郎	玉川大学出版部
12の贈り物	シャーリーン・コスタンゾ	ポプラ社
あいつもともだち	内田麟太郎	偕成社
小学生までに読んでおきたい文学（5）ともだちの話	松井哲夫	あすなろ出版
二十一世紀に生きる君たちへ	司馬遼太郎	世界文化社

卒業をテーマにした図書リスト（例）

②家族や先生にテーマに合うお薦めの本をインタビューする。③テーマに合う本を自分で読んで探す。
これらの方法から自分に合った方法を選択させます。読書経験の少ない子どもへの手立てとなるように、③では、学校図書館や公共図書館を活用してテーマに合った本を集め、教室に特設コーナーを設けて、様々な本にふれさせ選択できるようにします。①や②の方法を選択する子どもにも、特設コーナーの本を読ませることで、より目的に適した本を選ばせます。読書カード（リスト等）をもたせると読書の見通しをもつことができます。

※　学級の人数、子どもの実態によっては、一人一人が推薦するのではなく三人程度のグループで一冊を推薦する活動も考えられます。しかし、子ども個々の力を高め、客観的な評価をすることが難しくなるので、指導・評価の仕方に工夫が必要です。

本を選ぶ段階では、どのような推薦理由を伝えるかということについて見通しをもたせます。その際、次に示すような国語科「読むこと」の既習事項を活用させて推薦理由を考えさせます。様々な視点で本を検討することで、推薦理由の質を高め、より説得力をもたせるためです。

推薦理由を考えさせる視点（国語科「読むこと」既習事項例）

言葉の響き、場面の様子・移り変わり・描写、登場人物の行動・性格・相互関係、気持ちの変化・心情、主題、物語の展開（起承転結）、優れた叙述（情景、色、音、リズム感、擬音・擬態語、比喩等）、作者・筆者の生き方や考え方、論の展開、写真・挿絵・表・グラフの効果、取り上げられた事例、筆者の主張、筆者の主張に対する自分の考え、一人一人の感じ方の違い、読後感、シリーズ作品の共通点・相違点、自分の生き方と関わらせて考えたこと等

※　高学年までの文学的な文章、説明的な文章、紀行文、伝記等を既習として設定したもの

本を選ぶ段階では、推薦理由に当たる内容を簡潔に取材カードに記録させます。また、この段階では可能な限り複数の推薦の理由を挙げさせ、後にスピーチメモを作る際に検討させます。本の中で推薦理由に当たる部分には付箋（氏名を書いて）を貼らせ、他の子どもがその本を読んだときにもわかるようにします。友達の付箋が貼られた部分を知り、推薦理由を考える視点や推薦理由の具体をとらえさせ、推薦理由を決定するための視野を広げることをねらいます。

　本が決まったら、「本が目的に合っているか」「推薦理由が納得できるものか」という点について、三人グループで検討します。単元を通してこの三人グループで活動させ、ビブリオバトルに向けてグループで協働的に互いの表現にアドバイスをし合わせて表現に磨きをかけさせます。三人の本が重ならないようにし、個々の能力も様々である方が、効果的に学び合えます。ビブリオバトルの際は、他のグループの子どもと組み合わせて別のグループを編成します。

初め	中		終わり
【本の題名】 問いかけ 表紙を見せる 「ランドセルは海を越えて」 【本のあらすじ】 日本で使われなくなったランドセルをアフガニスタンへ贈る活動	【理由①】 アフガニスタンの子どもたちがランドセルを使って生活する様子がよくわかるから ○ランドセルを机の代わりに使って勉強している 写真 ○ランドセルをもらった子どものとてもうれしそうな顔	【理由②】 勉強する意味を考えられるから ○戦争のために学校に通えない子ども ○「勉強してまわりの人を助け、人の役に立ちたい」という思い ○自分の考えが変わった ○「何で勉強しないといけないのか」と思っている人 →意味を考えられる 予想される反論と答え	○卒業までランドセルを大切に使ってもらいたい ○中学校で勉強する意味を考えるのに合う 呼びかけ

推薦スピーチ構成メモ

（3）推薦スピーチ構成メモを書く

推薦したい本について、より説得力が出るようにスピーチの内容や話す順序を考えてスピーチ構成メモを作成します。その際、教師のモデル文と取材カードを参考にさせます。「取材カードに挙げていた理由からなぜこの二つを選んだのか」「なぜこの順番にしたのか」という点は、一斉指導で確認してから子どもに構成メモを書かせることで、説得力のある構成を考えられるようにします。推薦理由が足りない場合は、再度、本を分析させたり友達の助言を得させたりして、付け加えさせます。

※　他の本より優れている点、この本を読むことの効果、写真・図等の提示資料の効果的な活用もスピーチメモに加えることを推奨し、より説得力のある表現を追究させます。

（4）スピーチ原稿を書く

本単元では、聞き手を説得するために聞き手の方を見たり反応をとらえたりしながら話す必要があることから、話す内容の概要だけを要点に即してまとめたアウトライン原稿の書き方を活用させます。

> アウトライン原稿の書き方例
> ①一文ごとに一字下げて書く。②重要な内容が行頭に来るように改行する。③必要に応じて固有名詞等に読み仮名を付ける。④重要な語句や数値に丸印を付ける。⑤文字をサインペン等で大きく書く。⑥話し方の工夫は色を変えて書き込む。

スピーチ原稿を書かせる前に、教師のモデル推薦スピーチを再度聞かせます。子どもの手元にはモデル文を配布して、話し方の工夫点（①強弱、速さ、間　②呼びかけ・問いかけ　③資料の提示の仕

方 ④表情、目線、身振り・手振り）を見つけさせ、説得力を高める話し方の効果を実感させます。その後、自分の原稿に活かせる部分に書き込ませます。スピーチ原稿が仕上がった子どもは、個人練習をしたり、グループの友達に聞いてもらったりして、原稿の推敲をさせます。

(5) スピーチ練習をする

スピーチ原稿をもとに、まずは個人練習をさせます。次に、聞き手を意識した工夫をして話せるように固定の三人グループの友達に向けて発表練習をさせます。特に、原稿ばかり見ずに（4）の「話し方の工夫点」ができているか、説得力がある話し方になっているかという点を中心に互いにアドバイスをさせます。

(6) ビブリオバトルをする

本単元の「ビブリオバトル」は、本の推薦（三人）を一人二分間程度で行います。その後、聞き手の六年生（一グループ一〇名程度）の一人一人が読みたくなった本に

	A	B	C
内容	B基準＋ 推薦理由や予想される反論への答え等が効果的で説得力がある	はじめ（本の題名とあらすじがある） 中（推薦の理由が複数ある） おわり（まとめや呼びかけがある）	Bの基準を満たしていない
話し方	B基準＋ 話し方の工夫を効果的に用いている。	原稿を見ている時間が発表全体の約70％以下で話し方（強弱、速さ、間、問いかけ、表情、目線、身振りや手振り、資料の提示の仕方等）を工夫している。	
総合判定	内容A・話し方A	内容B・話し方B または一方がA	内容C・話し方C または一方がC

言語活動の達成状況を判定する評価基準

一票を投票してチャンプ本を決めます。最後に、すべての発表者へ聞き手が感想を伝える活動も加え、チャンプ本に選ばれなかった子どもの推薦スピーチへも六年生の評価を伝えさせます。

ビブリオバトルにおける推薦スピーチの達成状況を判定する基準は、表に示した通りです。この判定基準は単元導入前に、モデル文と共に作成しておきます。モデル文や推薦スピーチの話し方との対応も十分に検討し、身に付けさせたい力を明確にした指導・評価となるようにします。また、この判定基準は子どもたちと共有して、到達目標の具体を子どもたちにも明確にとらえさせておきます。

ビブリオバトルの様子は、複数のグループが同時に行う場合は、動画で記録しておくなどの工夫をし、客観的で適切な評価となるようにします。

ビブリオバトル後には、推薦した本の特設コーナーを学校図書館や五・六年生教室付近に設けて、様々な本に触れられるようにします。六年生の心の耕しを図る機会とするだけでなく、六年生が本を手に取る様子を五年生が目の当たりにすることで、推薦スピーチの効果を実感し、達成感を味わえるようにします。

（7）単元の学習を振り返る

単元の最終時間には、推薦スピーチの達成状況を自己評価させます。また、単元全体の振り返りを書かせたり発表し合わせたりして、単元を通した学びや自身の成長を客観的にとらえさせます。

単元の振り返りをさせるポイント例

○自分の発表に点数を付けるとすれば何点ですか。それはなぜですか。自分の力をさらに高めるためには、どのようなことに気を付けて書いたり話したりしたいですか。それはなぜですか。
○ビブリオバトルで、自分が発表したり友達の発表を聞いたりして、説得力のあるスピーチをするためにはどのように文章を組み立てることが効果的だと感じましたか。また、どのような話し方をすることが効果的だと感じましたか。

※　一枚のワークシート上に毎時間の振り返りを書かせることで、その時間に何を学んだのかが視覚的にとらえやすくなります。また、ビブリオバトルでより説得力のある推薦スピーチをしようとする目的に向かって、各時間の学びを積み重ねていく意識や習得したことを活用する意識をもたせることができます。

『話す・聞く』編

〈編著者・執筆箇所一覧〉※所属は執筆時

編集責任者

植山俊宏（京都教育大学）

山元悦子（福岡教育大学）…Ⅰ章、Ⅱ章、Ⅲ章

執筆者

橋詰加奈（滋賀大学教育学部附属小学校教諭）…Ⅲ章1

廣口知世（福岡教育大学附属小倉小学校教諭）…Ⅲ章2

青木賢次（京都府綾部市立吉美小学校教務主任）…Ⅲ章3

企画編集担当

藤田慶三（日本国語教育学会常任理事・総務部長）

〈シリーズ国語授業づくり　企画編集〉（五十音順）

泉　宜宏

今村久二

大越和孝

功刀道子

福永睦子

藤田慶三

シリーズ国語授業づくり

話す・聞く
―伝え合うコミュニケーション力―

2017（平成29）年8月15日　初版第1刷発行

監　　　修：日本国語教育学会
企 画 編 集：藤田慶三
編　　　著：植山俊宏・山元悦子
発 行 者：錦織　圭之介
発 行 所：株式会社　東洋館出版社
　　　　　〒113-0021　東京都文京区本駒込5丁目16番7号
　　　　　営業部　電話03-3823-9206　FAX03-3823-9208
　　　　　編集部　電話03-3823-9207　FAX03-3823-9209
　　　　　振替　　00180-7-96823
　　　　　URL　　http://www.toyokan.co.jp

デ ザ イ ン：株式会社明昌堂
印刷・製本：藤原印刷株式会社

ISBN978-4-491-03393-8　　　　　　　　　　Printed in Japan

JCOPY ＜(社)出版者著作権管理機構　委託出版物＞
本書の無断複写は著作権法上での例外を除き禁じられています。複写される場合は、
そのつど事前に、㈳出版者著作権管理機構（電話 03-3513-6969、
FAX 03-3513-6979、e-mail：info@jcopy.or.jp）の許諾を得てください。